Franz Eilhard Schulze

Hexactinielliden des indischen Ozeanes

1. Band

Franz Eilhard Schulze

Hexactinielliden des indischen Ozeanes
1. Band

ISBN/EAN: 9783744639064

Hergestellt in Europa, USA, Kanada, Australien, Japan

Cover: Foto ©ninafisch / pixelio.de

Weitere Bücher finden Sie auf **www.hansebooks.com**

HEXACTINELLIDEN
DES INDISCHEN OCEANES.

I. THEIL.

DIE HYALONEMATIDEN.

VON

FRANZ EILHARD SCHULZE.

AUS DEN ABHANDLUNGEN DER KÖNIGL. PREUSS. AKADEMIE DER WISSENSCHAFTEN
ZU BERLIN VOM JAHRE 1894.

MIT 9 TAFELN.

BERLIN 1894.
VERLAG DER KÖNIGL. AKADEMIE DER WISSENSCHAFTEN.

IN COMMISSION BEI GEORG REIMER.

Aus dem Gebiete des indischen Oceans sind bisher nur wenig Tiefseespongien bekannt geworden. Von indischen Hexactinelliden kannte man vor der Challenger-Expedition nur *Habrodictyum speciosum* Quoy and Gaimard von Mauritius, *Euplectella cucumer* Owen und *Farrea occa* (Bwbk.) Carter von den Seychellen. Die Challenger-Expedition erbeutete während ihrer Fahrt durch den indischen Ocean (an 11 von den 32 untersuchten Stationen) im Ganzen 16 Hexactinelliden-Species, darunter 2 Hyalonematiden, nämlich *Hyalonema conus* F. E. Sch. westlich von den Crozet-Inseln und *Hyalonema clavigerum* F. E. Sch. südwestlich von Australien.

Ich war daher sehr erfreut, als mir von dem inzwischen verstorbenen Director des Indian Museums in Calcutta, Hrn. Prof. Wood-Mason, sämmtliche Tiefseespongien zur wissenschaftlichen Untersuchung anvertraut wurden, welche bei den Expeditionen des im Dienste der Marine Survey of India stehenden Schiffes »Investigator« seit dem Jahre 1885 im nördlichen Theile des indischen Oceans (an im Ganzen 30 verschiedenen Fundstellen) erbeutet und bisher im Indian Museum zu Calcutta aufbewahrt waren. Von den 30 Fundstellen befinden sich 4 bei der (drei Breitengrade südlich von Bombay gelegenen) Angrias-Bank, 3 bei den Laccadiven, 7 in dem mittleren Theile der Bai von Bengalen und 16 bei den Andamanen. Die für die meisten Stationen genau angegebene Tiefe schwankt zwischen 316^m und 3680^m.

Von den etwa 50 gefundenen Spongienarten sind 30 Hexactinelliden, die übrigen Tetractinelliden und Monaxoniden.

Unter der sorgsamen Obhut des Hrn. Dr. A. Alcock, Surgeon Naturalist of H. M. S. Investigator, sind die meisten Stücke so gut in Spiritus conservirt, dafs sich Bau und Anordnung der systematisch besonders wichtigen Skelettheile, zuweilen sogar auch einzelne Verhältnisse des Weichkörpers eingehend studiren liefsen.

Ich werde zunächst die Hexactinelliden beschreiben und beginne mit den

Hyalonematiden.

Die Familie der *Hyalonematidae*, welche sich durch den Besitz der so charakteristischen Amphidisken und das Fehlen der Hexaster von allen übrigen Hexactinelliden scharf unterscheidet, ist unter den vom Investigator gesammelten Hexactinelliden besonders reich vertreten, und zwar sowohl hinsichtlich der Anzahl der Arten wie der Individuen, welche letztere sich auf 39 beläuft, während im Ganzen überhaupt nur 80 Stück Hexactinelliden erbeutet sind.

Zwar haben sich hierunter keine neuen Gattungen gefunden, doch sind von den bisher überhaupt bekannten 4 Hyalonematiden-Gattungen (*Pheronema* Leidy, *Poliopogon* Wyv. Thomson, *Hyalonema* Gray und *Semperella* Gray) 3 vertreten, nämlich *Pheronema*, *Hyalonema* und *Semperella*.

Nur aus der bisher allein auf zwei Species basirten und künftig, wie ich zeigen werde, ganz mit *Pheronema* zu vereinigenden Gattung *Poliopogon* fanden sich also keine Repraesentanten vor.

Wie sich von vornherein erwarten liefs, sind jedoch die in verhältnifsmäfsig grofser Zahl (nämlich 15) vorhandenen Arten fast sämmtlich neu. Nur eine einzige Form stimmt mit einer schon früher beschriebenen Art — *Hyalonema apertum* F. E. Sch. aus den japanischen Gewässern — specifisch überein. Ich werde daher genöthigt sein, in dieser einen Familie der Hyalonematiden nicht weniger als 14 neue Arten aufzustellen, von welchen 11 allein auf die Gattung *Hyalonema* kommen.

Dazu will ich jedoch bemerken, dafs es mir gerade hier, bei der ersten Durchforschung einer noch wenig bekannten, aber zweifellos artenreichen Gruppe, durchaus erforderlich zu sein schien, die gewöhnlich nur in einem einzigen Exemplare vorliegenden differenten Formen strenge von einander zu unterscheiden und durch besondere Speciesbezeichnung wenigstens so lange auseinanderzuhalten, bis sich später vielleicht bei Benutzung eines gröfseren und besonders an verschiedenen Entwickelungsstufen reicheren sowie von vielen verschiedenen Fundorten stammenden Materials die Breite der individuellen und der localen Variation der einzelnen Arten sicherer als jetzt wird feststellen lassen. Zweifellos können auf diese Weise Irrthümer und Mifsverständnisse leichter vermieden werden, als durch eine von vornherein laxe und weite Fassung des Speciesbegriffes.

Eine erhebliche Schwierigkeit hat mir bei der Entscheidung über den Umfang des Artbegriffes häufig die Frage gemacht, welches Gewicht auf die absolute Gröfse der Kieselnadeln zu legen ist. Zweifellos kann dieses Moment bei gewissen Kategorien von Nadeln überhaupt nicht in Betracht kommen, da es sich leicht nachweisen läfst, dafs manche Nadeln, so besonders die das eigentliche Stützgerüst des ganzen Körpers bildenden Principalia, ferner die Subdermalia und Subgastralia, sowie die meisten Prostalia, wie z. B. die langen Nadeln des Basalschopfes, die Prostalia lateralia und andere Macrosclere ein individuelles Längen- und Dickenwachsthum haben, also bei gröfseren und älteren Schwämmen regelmäfsig länger und dicker sind als bei jüngeren und kleineren Stücken derselben Species.

Anders steht die Sache aber bei den Microscleren, speciell den Amphidisken, Pinulen und Microhexactinen, welche nach den bisherigen Erfahrungen wahrscheinlich eine für die einzelne Species nahezu constante Gröfse haben. Dafür sprechen besonders folgende Gründe. Erstens findet man die Microsclere einer bestimmten Kategorie, also etwa die Amphidiske, bei den grofsen Exemplaren einer bestimmten Art keineswegs gröfser als bei kleineren und jüngeren Stücken; vielmehr kommen dieselben, wenn sie überhaupt bei den jüngsten Individuen schon zu finden sind, hier stets auch schon in der für die betreffende Species typischen Gröfse vor. Und zweitens findet man die in der Entstehung und Ausbildung begriffenen Nadeln der betreffenden Kategorie stets in ganzer Länge, wenn auch zunächst sehr schmächtig und ohne Seitenzacken oder dergleichen, angelegt, ein Beweis, dafs, nachdem einmal die Anlage der Nadel erfolgt ist, hier kein Längenwachsthum derselben mehr stattfindet.

Ich halte mich daher für berechtigt, bei den Hyalonematiden die absolute Gröfse gewisser Microsclere, speciell der Amphidiske, der Pinule und parenchymalen Microhexactine zur Unterscheidung der einzelnen Arten zu verwerthen und in die Diagnose derselben mitaufzunehmen.

Ein anderer, die Sicherheit der Charakteristik gelegentlich beeinträchtigender Umstand liegt in der Ungleichheit der Zahl, in welcher manche für die Diagnose sonst sehr brauchbaren Nadeln bei verschiedenen Individuen derselben Art und besonders bei verschiedenen Alterstadien vorkommen. So sind z. B. gerade die sonst meistens recht charakteristischen dermalen Macramphidiske oft bei sehr jungen (kleinen) Exemplaren nur in geringer Anzahl oder zuweilen überhaupt noch nicht zu finden, während sie bei gröfseren Thieren derselben Art in der gleichen Körperregion regelmäfsig häufig sind. Seltener kommt es vor, dafs man diese oder jene Nadelform bei gleich grofsen Individuen derselben Species an derselben Körperstelle in erheblich verschiedener Anzahl antrifft. Es ist mir zuweilen begegnet, dass ich eine gewisse Nadelform zunächst bei irgend einem Individuum ganz vermifste, bei wiederholter Durcharbeitung jedoch, noch in einem oder wenigen Exemplaren auffand; wodurch dann natürlich unter Umständen die zuerst angenommene systematische Stellung des Schwammes wesentlich verändert wurde.

Als Vorarbeit für diese meine Untersuchung der indischen Hyalonematiden hatte ich im Jahre 1893 eine Revision aller bisher beschriebenen Hyalematiden vorgenommen und die Ergebnisse in den Sitzungsberichten[1] der Berliner Akademie veröffentlicht. Indem ich nun ausdrücklich auf die dort gegebenen Auseinandersetzungen, kurzen Diagnosen, der systematischen Abtheilungen und die angehängte Bestimmungstabelle verweise, beschränke ich mich hier auf eine Beschreibung der neuen indischen Formen, nehme deren Einfügung in das System nebst den dadurch bedingten Abänderungen desselben vor und werde dann am Schlusse eine neue, durch die beschriebenen Arten erweiterte Bestimmungstabelle für die ganze Familie aufstellen.

Zu einer Änderung jener allgemeinen Charakteristik der Familie der Hyalonematiden, wie ich sie zuletzt an dem angeführten Orte S. 560–561 gegeben habe, bin ich durch die neuen Formen nicht veranlafst. Ebensowenig braucht der Charakter der Unterfamilie *Hyalonematinae* geändert zu werden. Dagegen wird die Charakteristik der Unterfamilie *Semperellinae* und zugleich auch die Diagnose der Gattung *Semperella* durch die Entdeckung einer zweiten *Semperella*-Art eine geringe Abänderung erleiden müssen. Ebenso ist die Ausdehnung des Gattungsbegriffes von *Pheronema*, durch die sogleich zu motivirende Aufnahme der alten Gattung *Poliopogon* in jene Gattung, etwas zu erweitern.

---

[1] Jahrgang 1893 S. 541.

Die Gattung *Pheronema* Leidy.

Da die beiden neuen *Pheronema*-Arten, welche ich hier beschreiben will, äufserlich in den meisten Charakteren mit den bisher bekannten Arten der Gattung übereinstimmen, und sich von jenen wesentlich nur dadurch unterscheiden, dafs sie keine seitlich vorstehenden Nadeln, Prostalia lateralia, haben, hiermit aber der nahe verwandten Gattung *Poliopogon* sich nähern, so entsteht die Frage, ob sich unter diesen Umständen noch die Trennung dieser beiden, hauptsächlich eben nur durch das Vorkommen oder Fehlen der Prostalia lateralia unterschiedenen Gattungen wird aufrecht erhalten lassen.

Vergleicht man die von mir kürzlich in meiner Übersicht der Hyalonematiden l. c. S. 561 und 566 gegebenen Diagnosen beider Gattungen, so zeigt es sich, dass dort, abgesehen von den Prostalia lateralia, als unterscheidender Charakter eigentlich nur noch das reichliche Vorkommen von Micro-Uncinaten bei *Pheronema* und die verschiedene Gestalt der Ankernadeln des Basalschopfes hervorgehoben wird, deren beide Zähne bei *Poliopogon* fast rechtwinkelig quer abstehen, während sie bei *Pheronema* mehr zurückgebogen sind.

Da nun diese Differenzen allein schwerlich ausreichen können zur Unterscheidung zweier Gattungen, um so weniger, als auch bei den einzelnen Arten der Gattung *Pheronema* die Anzahl und Gröfse der Uncinate, sowie die Gröfse des Winkels erheblich variirt, welchen die Ankerzähne der Basalschopfnadeln mit dem Schafte machen, — so empfiehlt es sich, die Gattung *Poliopogon* als solche eingehen zu lassen und die beiden bisher beschriebenen Arten derselben, nämlich *P. gigas* F. E. Sch. und *P. amadou* Wyv. Thoms., als *Pheronema gigas* und *Pheronema amadou* zur Gattung *Pheronema* zu stellen; wobei natürlich die Gattungsdiagnose von *Pheronema* eine entsprechende Änderung erfahren mufs.

Ich fasse dieselbe jetzt in folgende Worte: »Aus dem basalen Ende ragt ein breiter, seitlich nicht immer scharf abgesetzter, lockerer Wurzelschopf hervor, dessen zweizähnige Ankernadeln nicht über die Hälfte des Schwammkörpers in denselben eindringen und keinen Centralconus bilden. Seitlich frei vorstehende Nadeln, Prostalia lateralia, können vorkommen oder fehlen. Parenchymale Micro-Uncinate sind in der Regel reichlich vorhanden oder werden durch spindelförmige Amphioxe ähnlicher

Form und Länge ersetzt. Die Marginalia enden distal meistens mit einer geringen kolbigen Anschwellung.«

Pheronema raphanus nov. spec.

Da die in Fig. 1 und 2 der Taf. I nach Photographien wiedergegebene Gestalt und Gröfse bei den beiden allein vorliegenden Exemplaren dieser neuen Art eine weitgehende Übereinstimmung zeigt, aber von derjenigen aller sonst bekannten *Pheronema*-Formen wesentlich abweicht, so kann sie wohl als für die Species charakteristisch angesehen werden.

Den gröfsten Querdurchmesser von circa 9^{cm} weist der ungefähr ebenso lange, annähernd drehrunde, im Ganzen einem gedrungenen Rettige gleichende Schwammkörper etwa einen Finger breit unterhalb des oberen Oscularrandes auf. Von hier aus erfolgt eine allmähliche und ziemlich gleichmäfsige Abnahme des Querdurchmessers nach abwärts bis zu dem ziemlich flach abgerundeten Basalende von etwa 3^{cm} Durchmesser, aus welchem der von etwa 15–20 einzelnen Nadelbündeln gebildete, ungefähr 3^{cm} dicke und über 20^{cm} lange lockere Wurzelschopf in der Fortsetzung der Hauptkörperaxe gerade nach abwärts vorragt, während sich nach oben zu der Durchmesser rasch bis zu dem 6–6.5 cm weiten, rundlichen Ocularsaume verschmälert. Hierdurch ist eine starke seitliche Vorwölbung der oberen Randpartie bedingt (Taf. I Fig. 1). Die quer abgestutzte obere Endfläche wird von der flachen, nur leicht dellenförmig vertieften terminalen Siebplatte des rundlichen Oscularfeldes gebildet, welches sich durch einen niedrigen, aber scharfkantigen Randsaum gegen die convexe Seitenfläche des Schwammkörpers deutlich absetzt. Von dieser Grenzkante erhebt sich ein einreihiger, allerdings nicht immer vollständig erhaltener Kranz von etwa 25^{mm} weit frei vorstehenden dünnen Prostalia marginalia.

Wie bei allen bisher bekannt gewordenen Pheronemen treten auch hier an der äufseren Seitenoberfläche des Körpers die Centren der zur Stütze der Hautschicht dienenden kräftigen hypodermalen Pentactine zur Bildung ganz flacher hügelförmiger Erhebungen etwas vor. Und da die Tangentialstrahlen benachbarter Nadeln dieser Art nicht so streng parallel liegen, bez. genau rechtwinkelig zu einander gerichtet sind, wie bei den meisten anderen Hyalonematiden, so entsteht hier ein weniger regelmäfsig quadratisches Stützbalkensystem der Haut, als wir es sonst bei Hexactinelliden zu sehen gewöhnt sind. In der Hautschicht, welche sich zwischen den Tangentialstrahlen dieser 10^{mm} und darüber grofsen pentactinen Hypodermalia ausspannt, markiren sich dagegen mehr rechtwinkelig orientirte Kreuzbalken, welche ähnlichen, aber kleineren Stütznadeln der Haut entsprechen. Durch diese letzteren wird dann ein feines quadratisches Gitterleistennetzwerk der Haut gebildet, in dessen Maschen sich die feinen Porensiebe der mit Pinulen dicht besetzten äufseren Haut ausspannen. Besonders dicht und engmaschig erscheint bei beiden Exemplaren das äufsere Hautsiebnetz in der oberen, etwa 2^{cm} breiten Seitenrandzone, welche mit dem oscularen Randsaume abschliefst.

Noch deutlicher prägt sich der quadratische Typus an dem derben Balkengerüste der zur oscularen Siebnetzplatte gewordenen, ziemlich planen oder doch nur ganz flach dellenförmig vertieften Gastralhaut aus. Auch hier werden die gröfseren Gittermaschen von dem feinen quadratischen Gitternetze der Gastralmembran ausgefüllt, welche aufsen mit den Gastralpinulen dicht besetzt ist. Dies Gitternetz markirt sich hier um so deutlicher, als die grofsen subgastralen Hohlräume und Hauptausführungsgänge des ableitenden Kanalsystems den dunkeln Hintergrund liefern. Übrigens ist hier nicht eine grofse Subgastralhöhle vorhanden, über welche sich die Gastralmembran etwa frei ausspannte, sondern die Scheidewände zwischen den Hauptableitungsgängen erreichen die osculare Siebmembran und verschmelzen hier und da mit derselben.

Erwähnen will ich noch, dafs beide Exemplare dieser Species reichlich mit einem lehmfarbigen, feinkörnigen Schlicke erfüllt sind und die nämliche matte bräunlich-grünlich-gelblich-graue Farbe zeigen, welche den meisten in Spiritus conservirten Hexactinelliden eigen ist.

An einem Längsdurchschnitte des ganzen Schwammkörpers überzeugt man sich leicht, dafs von zahlreichen unregelmäfsig lacunösen Räumen, welche unterhalb der Dermalmembran liegen, etwa kleinfingerbreite, mit abnehmendem Lumendurchmesser sich reich verästelnde Inhalationscanäle in die Tiefe dringen, zwischen welchen das entsprechende System der abführenden Kanäle sich so einfügt, dafs schliefslich nur eine geringe Anzahl fingerbreiter Stämme in jene unregelmäfsig lacunösen Räume mündet, welche sich unter der oscularen oder, was hier gleichbedeutend ist, gastralen Siebplatte ausbreiten.

Die zur Stütze des inneren Körper-Parenchyms dienenden Macroselere sind fast ausschliefslich kräftige Pentactine, welche mit ihren 4 derselben Ebene angehörigen Strahlen sich in den Grenzflächen der Scheidewände zwischen zu- und ableitendem Kanalsysteme ausbreiten, während der fünfte Strahl ganz oder annähernd rechtwinklig dazu in das betreffende Septum eindringt und dasselbe wie ein Nagel durchsetzt. Die Strahlen dieser sehr verschieden grofsen, 15^{mm} Länge erreichenden Nadeln sind drehrund, durchaus glatt und nehmen bis an das spitze Ende meistens ganz allmählich an Durchmesser ab.

Den Macrosceleren sind ferner zuzurechnen die von der Randkante des Oscularfeldes frei nach aufsen emporragenden Prostalia marginalia, die langen Prostalia basilaria, welche den Basalschopf bilden, und endlich die grofsen Uncinate mit dicht anliegenden Stacheln.

Die Marginalia stellen einfache, schwach gebogene oder gerade, 4-6^{cm} lange und 20-60μ dicke Diactine dar, deren etwas schmächtigeres Distalende mit einer geringen knopfförmigen Endanschwellung versehen ist oder ganz gleichmäfsig zugespitzt endet. Während das im Weichkörper steckende, allmählich spitz auslaufende untere Drittheil völlig glatt erscheint, sind die frei vorragenden oberen zwei Drittheile meistens mit kleinen spitzen Höckern so dicht und gleichmäfsig besetzt, dafs eine rauhe, chagrinartige Oberfläche entsteht. Zwischen den im Weichkörper geborgenen centralen Enden der Marginalia, aber auch an manchen anderen Stellen der Haut und der oscularen Siebnetzplatte kommen mehr oder minder reichlich Uncinate von 2^{mm} und mehr Länge vor, welche eine gröfste Dicke von etwa 16μ und darüber erreichen. Diese Macro-Uncinate haben sämmtlich dicht anliegende Dornen und sind, mit der Spitze des dickeren Vorderrandes die Hautoberfläche erreichend, senkrecht zu derselben gerichtet.

Endlich bleiben von Macrosceleren noch die Nadeln des etwa handlangen Basalschopfes zu beschreiben übrig. Dieselben stecken, zu mehreren Bündeln von 3-5^{mm} Dicke aggregirt, mit ihrem ganz allmählich sich zuspitzenden, glatten oberen Endtheile mehrere Centimeter tief im Weichkörper, während der bei Weitem längere, nach abwärts ebenfalls sich etwas verschmächtigende untere Theil ziemlich senkrecht nach abwärts in den weichen Schlick eindringt. An diesem frei vorstehenden basalen Theile habe ich hier niemals etwas von jenem durch dichtstehende Conuli unregelmäfsig rauhen oder chagrinartigen Oberflächenrelief wahrgenommen, welches an dem freien Theile der Marginalia so häufig vorkommt. Sie sind vielmehr entweder ganz glatt oder mit den gleichen schräg lateral und aufwärts gerichteten platten Dornen besetzt, wie sie den meisten Basalschopfnadeln der Hyalonematiden zukommen. Bei allen Prostalia basalia, deren freies unteres Ende ich untersuchen konnte, habe ich als terminales Schlufsstück den typischen zweizähnigen *Pheronema*-Anker in folgender Ausbildung angetroffen. In geringer Entfernung (etwa $0^{mm}.2-0^{mm}.3$) oberhalb der Ankerzähne verliert der Schaft seine Dornen und beginnt sich wieder zu verdicken, bis er mit einer trompetenförmigen Verbreiterung in den etwa 60 μ dicken kolbigen Mitteltheil des Ankers übergeht. Von diesem verdickten Mittelstücke stehen die beiden sich gerade gegenüberstehenden Zähne in der Weise ab, dafs der ganze Unterrand einen, an der Spitze etwas abgerundeten gothischen Bogen bildet. Die Endspitzen der Ankerzähne stehen 600—800 μ weit auseinander. Die schwach zugeschärften Seitenränder der schaufelförmigen Zähne haben etwa in ihrer Mitte eine ganz flache wellige Ausbiegung. Jeder Zahnrand steht proximal mit dem entsprechenden Seitenrande des gegenüberstehenden Zahnes durch eine in Gestalt eines flachen Bogens seitlich vortretende Kante in Verbindung, welche sich an der Seitenfläche des kolbigen Ankermittelstückes markirt (Taf. I Fig. 12).

Von den Microscleren sollen zuerst die Pinule berücksichtigt werden. Dieselben kommen nur auf dem Gitternetze der äufseren Haut und der (gastralen) Siebmembran vor, wo sie senkrecht zur Grundlage nach auswärts gerichtet und so dicht neben einander stehen, dafs sich die Enden ihrer Basalstrahlen mehr oder minder weit seitlich berühren. Es wird daher überall da, wo sie in gröfserer Anzahl Platz finden, ein annähernd quadratisches Gitterwerk formirt. Auf schmaleren Hautbalken stehen die Pinule dagegen gewöhnlich nur in einer einfachen Reihe. Wenngleich die Länge der dermalen Pinule ziemlich erheblich, nämlich von 70μ bis zu 140μ, variirt, so überwiegen doch die kurzen (von etwa 80μ Länge) bei Weitem. Die vier basalen Strahlen sind fast stets gerade und streng rechtwinkelig gekreuzt. Ihre Länge beträgt im Durchschnitt etwa 50μ, die Dicke etwa 6μ. Während die proximale Hälfte des Basalstrahles gleichmäfsig dick und ganz glatt erscheint, erfährt die mit kleinen, rechtwinkelig abstehenden, spitzen Höckern spärlich besetzte distale Hälfte zunächst eine bis zu ihrer Mitte allmählich zunehmende und von da bis zu der distalen Endspitze ebenso allmählich wieder abnehmende schwache Verdickung (Taf. I Fig. 7 und 8). Von dem zwar etwas verdickten, aber niemals mit einem nach innen gerichteten Höcker, einem Vorsprunge oder gar mit einem rudimentären sechsten Strahle versehenen Kreuzknoten erhebt sich als fünfter der

Hauptstrahl senkrecht zur Ebene der Basalstrahlen. Auf den glatten basalen, drehrunden Stammtheil desselben (von etwa 9μ Dicke und 12μ und darüber Länge) folgt der im Ganzen konisch oder umgekehrt rübenförmig gestaltete, dornentragende, buschige Haupttheil von etwa 40μ gröfster Breite. Die Gesammtlänge dieses letzteren Theiles beträgt $60-130\mu$, in der Regel jedoch etwa 70μ. Im Gegensatze zu der praevalirenden gedrungenen Form mit kurzem Endstachel und langen, dicht gedrängten, schräge abstehenden und nur schwach emporgebogenen, kräftigen Seitenstacheln (Taf. I Fig. 8) zeichnen sich andere längere Pinule durch einen gestreckten, schmächtigen Endstachel, sowie durch stärker gekrümmte, minder dicht stehende, aber gleichfalls ziemlich kräftige Seitenstacheln aus (Taf. I Fig. 7).

Den dermalen Pinulen gleichen die auf der Aufsenfläche der terminalen Siebplatte stehenden gastralen Pinule zwar im Allgemeinen, besitzen jedoch durchschnittlich etwas längere (70μ) Basalstrahlen und zeigen in Gestalt und Länge (etwa 100μ) eine weit gröfsere Gleichmäfsigkeit als jene. Kanalare Pinule fehlen hier wie bei den übrigen *Pheronema*-Arten fast vollständig. Doch kann man vereinzelt sehr schmächtige pentactine oder auch hexactine Pinule mit spärlichen kurzen Dornen des freien Hauptstrahles antreffen.

Von den Amphidisken der äufseren Haut haben die gröfseren, die Macramphidiske, eine Länge von $300-350\mu$ bei einer gröfsten Schirmbreite von etwa 80μ und einer Schirmlänge von etwa 70μ. Der Schaft ist ungefähr 12μ dick, unregelmäfsig und spärlich mit buckelförmigen Erhebungen besetzt mit Ausnahme der Enden, welche stets ganz glatt sind. Die acht platten schaufelförmigen Zinken der glockenförmigen Schirme enden breit abgerundet (Taf. I Fig. 3).

Mesamphidiske habe ich in der Seitenhaut nicht gefunden. Dagegen sind Micramphidiske daselbst zahlreich vorhanden. Ihre Länge beträgt 30μ, selten mehr, bis zu 40μ. Die Breite und Länge der glockenförmigen 8- oder 12-strahligen Schirme etwa 8μ. Der Schaft ist rauh. Die Amphidiske der gastralen Siebmembran und der Kanäle gleichen denjenigen der Haut.

Als parenchymale Microsclere kommen zunächst in Betracht die kleineren, durch ziemlich schräg abstehende, kurze Dornen charakterisirten Micro-Uncinate von etwa 500μ Länge. Obwohl die Länge dieser Nadeln nicht unerheblich schwankt und bei der Übereinstimmung derselben mit den früher erwähnten Macro-Uncinaten hinsichtlich der Form die Möglichkeit nicht ausgeschlossen erscheint, dafs beide in einander übergehen und nicht wesentlich verschieden seien, möchte ich doch einen principiellen Unterschied beider annehmen und finde denselben hauptsächlich in der verschiedenen Bildung der Dornen ausgeprägt. Während die Dornen bei den langen Macro-Uncinaten ziemlich lang, gerade und dicht anliegend sind, finden wir sie bei den parenchymalen Micro-Uncinaten kurz, gebogen und schräge, ja am vorderen Ende ziemlich quer abstehend und sogar etwas hakenförmig gebogen (Taf. I Fig. 9 und 10).

Aufserdem kommen von parenchymalen Microscleren noch reguläre Micro-Oxyhexactine von etwa 150μ Länge vor, welche sich in den mittleren Körpertheilen in wechselnder Reichlichkeit, hier und da sogar ziemlich häufig finden. Die sechs gleichartigen Strahlen sind glatt oder nur ganz schwach rauh und in der Regel gerade, seltener schwach und unregelmäfsig gebogen. Sie laufen, von der $2-3\mu$ dicken Basis am Nadelcentrum an gleichmäfsig sich verdünnend, in eine einfache Endspitze aus (Taf. I Fig. 11).

Von *Pheronema raphanus* sind nur zwei ziemlich gleich grofse und fast ganz gleich geformte Exemplare, und zwar beide bei den Andamanen, erbeutet; das eine in 316''' Tiefe (Stat. 29 des Investigator), das andere 530''' tief, 12° 37' N. und 92° 19' O. Da beide mit einem feinkörnigen, lehmfarbigen Schlick dicht erfüllt sind, wird wohl eine entsprechende Bodenbeschaffenheit angenommen werden dürfen.

Unter den bisher bekannten *Pheronema*-Arten steht *Pheronema raphanus* dem von Wyv. Thomson so vorzüglich beschriebenen *Pheronema Carpenteri* am nächsten. Wenngleich die Gesammtform erheblich abweicht und die bei letzterer Art reichlich vorhandenen Prostalia lateralia hier fehlen, so stimmt doch die Gestalt und Gröfse der entsprechenden Nadelformen im Wesentlichen überein.

Pheronema circumpalatum nov. spec.

Wie auffallend sich auch das einzige Exemplar der hier unter dem Namen *Pheronema circumpalatum* als neu zu beschreibende *Pheronema*-Art in Form und Gröfse von *Pheronema raphanus* unterscheidet, stimmen doch beide hinsichtlich der Nadeln so merkwürdig überein, dafs ich eine Zeit lang an die Möglichkeit dachte, dieses etwa 3^{cm} lange und oben $2^{cm}2$

breite, schwach ausgebaucht-kegelförmige Stück möchte nichts anderes als ein junges *Pheronema raphanus* sein. Freilich mufste schon der Umstand, dafs die so auffallend starken und langen Marginalia diejenigen der mindestens dreimal gröfseren Stücke von *Pheronema raphanus* nicht nur an Gröfse erreichen, sondern sogar erheblich an Dicke und Länge übertreffen, von dieser Auffassung zurückbringen. Denn so plausibel ein Wachsthum der Nadeln mit zunehmender Körpergröfse erscheint und in zahllosen Fällen nachweisbar ist, so unmöglich erscheint eine Abnahme der Marginalia an Umfang mit dem steigenden Alter. Immerhin kommen bei genauester Untersuchung auch noch einige zwar an sich geringe, aber doch constante Differenzen der einzelnen Nadelformen vor, welche die Selbstständigkeit der neuen Art sichern helfen.

Wenngleich das einzige zur Disposition stehende, auf Taf. II in Fig. 1 in natürlicher Gröfse abgebildete Exemplar erheblich laedirt ist, so kann doch sicher die Gestalt eines seitlich schwach aber gleichmäfsig ausgebauchten umgekehrten Kegels festgestellt werden, dessen nach oben gekehrte, quer abgestutzte Basis 22^{mm} breit ist und von der schwach dellenförmig vertieften, aber im Mitteltheile ziemlich ebenen oscularen Siebplatte eingenommen wird, während auf der sich etwas erhebenden Randkante ein nicht mehr überall erhaltener Ringsaum von mindestens 3^{cm} langen, kräftigen, pallisadenähnlichen Marginalia senkrecht emporsteht.

Von dem flach abgerundeten, nur 7^{mm} breiten, unteren Körperende ragt der aus etwa acht 1—2^{mm} breiten einzelnen Nadelbündeln sich zusammensetzende Basalschopf nach abwärts hervor, der offenbar mehrere Centimeter weit in den schlammigen Boden eingedrungen war, jetzt aber gröfstentheils abgerissen ist.

Die Seitenoberfläche des Körpers weist das nämliche, wenig regelmäfsige Gitter mit flacher schwacher Erhebung der gröfseren, den Centren der gröfsten Hypodermalia entsprechenden Netzknoten auf, wie es oben bei *Pheronema raphanus* beschrieben wurde. Und auch hier läfst, wie bei *Pheronema raphanus*, das osculare plane Siebnetz einen viel regelmäfsigeren quadratischen Typus erkennen.

Während die parenchymalen, hypodermalen und hypogastralen Macrosclere, speciell die zahlreichen grofsen Oxypentactine, sowie die 2^{mm} und darüber langen Uncinate (Taf. II Fig. 11 und 8) sich aufser durch etwas geringere Gröfse und Stärke nicht erheblich von den entsprechenden Nadeln des *Pheronema raphanus* unterscheiden, weichen die Prostalia marginalia durch ihre Länge und besonders durch ihre 300μ und mehr betragende Dicke so wesentlich ab, dafs ich nach diesem auffälligsten Charakter den Speciesnamen gewählt habe. Bei den meisten dieser starken Diactine ist der frei vorragende Theil an seiner Oberfläche durch zahllose kleine, kegelförmige, spitze Erhebungen noch stärker rauh geworden, als dies von den Marginalia bei *Pheronema raphanus* berichtet wurde (Taf. II Fig. 16). Leider waren die äufseren Enden dieser Nadeln bei dem ja auch sonst vielfach laedirten Exemplare nicht mehr erhalten. Die im Parenchyme geborgenen inneren Enden sind glatt und enden gleichmäfsig zugespitzt. Prostalia lateralia fehlen hier wie bei *Pheronema raphanus* vollständig.

Die den Wurzelschopf bildenden Macrosclere sind entweder ganz glatt oder in ihrem frei vorstehenden unteren Theile (bei kleinen, jungen Nadeln auch wohl in ganzer Ausdehnung) mit kräftigen, schräge aufwärts und lateral gerichteten platten Dornen besetzt.

Es gelang mir, eines derjenigen Basalia, welche ganz dornenfrei sind und sich aufserdem durch die 50—60μ betragende Dicke ihres langen Schaftes auszeichnen, bis an das (sonst gewöhnlich abgebrochene) untere Ende zu verfolgen, und es fand sich, dafs hier eine ganz andere Art von Ankerbildung vorkommt als bei den mit dornigem Schafte versehenen Ankern. Nachdem nämlich der völlig glatte, am oberen Ende allmählich zugespitzt endende Schaft in seinem unteren Endtheile eine geringe Verdünnung erfahren hat, geht er schliefslich in vier zunächst rechtwinkelig abstehende und dann im Kreisbogen sich unter allmählicher Verdünnung emporbiegende, drehrunde Ankerzähne über, welche ebenso, wie der Schaft selbst, der Länge nach von einem Axenkanale durchzogen sind. Von dem Kreuzungknoten geht kein Vorsprung als Rudiment eines etwaigen sechsten Strahles ab: ebensowenig läfst sich der Axenkanal des Schaftes über den Kreuzungspunkt der fünf Axenkanäle hinaus als Andeutung eines sechsten Strahlkanales verfolgen (Taf. II Fig. 12).

Weit zahlreicher als derartige vierzählige Anker sind die gewöhnlichen zweizähligen *Pheronema*-Anker, welche hier im Allgemeinen den entsprechenden Nadeln von *Pheronema raphanus* gleichen, insofern sie einen wenn auch etwas weniger dicken Schaft haben, dessen allmählich spitz auslaufender oberer Theil glatt oder nur spärlich mit flachen niedrigen Höckern versehen ist (Taf. II Fig. 2), während der übrige Theil mit kräftigen platten

Dornen besetzt ist bis auf das wiederum glatte unterste Ende, welches schliefslich etwas trompetenförmig verbreitert und kolbig verdickt in die zwei sich gegenüberstehenden, schräge nach oben und seitwärts ragenden Ankerzähne übergeht (Taf. II Fig. 4). Eine geringe Abweichung von den bei *Pheronema raphanus* gefundenen Ankern besteht nur darin, dafs die zugespitzten Enden der beiden Ankerzähne ein wenig nach auswärts gebogen erscheinen (Taf. II Fig. 4).

Übrigens will ich hier noch besonders hervorheben, dafs die Zähne dieser letzteren zweizähnigen Anker mit dornigem Schafte, ebenso wie diejenigen der entsprechenden Anker bei den anderen bisher beschriebenen Hyalonematiden — im Gegensatze zu der oben beschriebenen vierzähnigen Ankerform — keinen durchgehenden Centralkanal besitzen, demnach auch nicht als echte Hauptstrahlen, sondern nur als accessorische Zackenbildungen, ähnlich den allerdings viel kürzeren Dornen des Schaftes, anzusehen sind. Die beiden Queräste des vierstrahligen Axenkreuzes des Centralkanales, welches sich in dem kolbig verdickten Mitteltheile des Ankers befindet, sind nur 3—4μ lang und übertreffen daher nicht einmal die über den Kreuzpunkt hinausgehende, nach abwärts gegen das gerundete untere Ende gerichtete Fortsetzung des Schaftkanales; während Andeutungen von Querästen des Kanalkreuzes in der Richtung auf die flachen Seitenflächen des Ankers ganz fehlen.

Wenn bei den meisten Hyalonematiden bisher nur die zuletzt besprochene Ankerform ohne Centralkanal in den Zähnen und mit dornigem Schafte aufgefunden und beschrieben ist, so liegt dies vielleicht hauptsächlich in dem Umstande, dafs die andere Ankersorte mit ganz glattem Schafte und mit Zähnen, welche sich durch ihren Centralkanal als echte Hauptstrahlen ausweisen, in der Regel nicht vollständig erhalten bleibt, weil ihr verschmächtigtes Unterende und besonders die mehr quer abstehenden und an der Basis nur wenig verdickten Zähne leichter abbrechen. In meinem Report of the Challenger-Hexactinellida habe ich bei einigen *Hyalonema*-Arten, z. B. *Hyalonema Sieboldi* Gray und *Hyalonema conus* F. E. Sch., schon solche Basalschopf-Anker beschrieben und abgebildet (a. a. O. Pl. III Fig. 23 und Pl. XXXIII Fig. 10), welche breit abstehende drehrunde Zähne mit Centralkanal haben.

Die dermalen Pinule von *Pheronema circumpalatum* gleichen zwar in Form und Gröfse denjenigen von *Pheronema raphanus*, jedoch variiren sie weniger in der Höhe, welche in der Regel 40–50μ beträgt und nur selten über 60μ hinausgeht. Sie erscheinen daher im Ganzen als kurz, gedrungen und buschig (Taf. II Fig. 5 und 7). Länger und weniger reich mit Seitenstacheln versehen sind die Pinule der gastralen Siebmembran, deren oberes Ende meistens in einen schlanken Endstachel ausläuft (Taf. II Fig. 6). Canalare Pinule traf ich nicht an.

Die Macramphidiske der äufseren Haut und der gastralen Siebmembran stehen an Gröfse etwas hinter den im Übrigen fast gleich erscheinenden von *Pheronema raphanus* zurück. Sie sind durchschnittlich etwa 200μ lang und haben eine Schirmlänge von 60μ, sowie gleiche Schirmbreite. Die acht schaufelförmigen platten Schirmzinken enden zwar im Allgemeinen mehr zugespitzt (nach Art eines gothischen Bogens), können aber auch die gleiche Abrundung haben wie bei *Pheronema raphanus* (Taf. II Fig. 14).

Die meistens zwölfzinkigen Micramphidiske unterscheiden sich nicht wesentlich von den bei *Pheronema raphanus* beschriebenen (Taf. II Fig. 13 und 15). Mesamphidisken fehlen hier wie dort.

Die parenchymalen Micro-Uncinate gleichen ebenfalls denjenigen von *Pheronema raphanus* und kommen auch hier, von 500μ Länge an, in recht verschiedener Länge vor, so dafs sie oft von den Macro-Uncinaten nur durch die mehr abstehenden und oft etwas hakenförmig umgebogenen Stacheln zu unterscheiden sind (Taf. II Fig. 3).

Ebenso stimmen die parenchymalen Micro-Oxyhexactine in Form und Gröfse völlig mit den entsprechenden Nadeln von *Pheronema raphanus* überein. Höchstens wäre als Abweichung zu bemerken, dafs sie etwas rauher sind als jene (Taf. II Fig. 9 und 10).

Das einzige erbeutete Exemplar dieser neuen mit *Pheronema raphanus* jedenfalls nahe verwandten Art ist westlich von den Andamanen (Station 9944 des Investigator) in 435–530^m Tiefe gedredgt.

Die Gattung *Hyalonema* Gray.

Abgesehen von einigen isolirten Wurzelschopf-Nadeln oder nackten Basalnadelbündeln fanden sich 12 verschiedene *Hyalonema*-Arten in gröfstentheils vollständig erhaltenen Exemplaren. Neun Arten sind nur in einem Exemplare vorhanden, bei zweien kamen vier Stück, bei einer Art zwölf Stück zur Untersuchung. Von den 12 Arten ist nur eine schon früher beschrieben, nämlich *Hyalonema apertum* F. E. Sch. Bei einigen sehr kleinen, also wahrscheinlich jungen Individuen konnte es zweifelhaft erscheinen, ob die eigenthümlichen Charaktere derselben zur Begründung einer neuen Species ausreichen, da die Möglichkeit einer späteren Veränderung nahe liegt. In dieser Beziehung glaubte ich jeden einzelnen Fall für sich beurtheilen zu müssen. Im Allgemeinen wird dabei wenig Gewicht auf die Gesammtform des Körpers zu legen sein. Bei der Benutzung der Gestalt und Gröfse von macrosceleren Nadeln kommt es darauf an, ob dieselben bei kleinen (also voraussichtlich jungen) Thieren gröfser und kräftiger sind, als bei nahe verwandten älteren grofsen Stücken. In diesem Falle ist eine Artverschiedenheit kaum zu bezweifeln, während geringere Gröfse und Schmächtigkeit der im Übrigen ähnlichen Nadeln bei kleinen Thieren die Möglichkeit einer Artübereinstimmung offen läfst. Den besten Anhalt geben die Microsclere, welche nach vielfacher Erfahrung bei alten Individuen nicht wesentlich gröfser und kräftiger zu sein pflegen als bei jungen. Weniger Bedeutung hat das Fehlen einzelner Nadelformen bei ganz jungen Stücken.

Wie bei jeder erheblichen Bereicherung einer systematischen Gruppe die Diagnose derselben in der Regel eine Modification zu erleiden pflegt, so wird auch hier der Gattungs-Charakter von *Hyalonema* durch die sogleich näher zu beschreibenden neuen Arten wenigstens insofern eine geringe Veränderung erfahren müssen, als sich darunter eine Form mit seitlich frei vorstehenden Nadeln, Prostalia lateralia, gefunden hat, welche letzteren bisher bei *Hyalonema* nicht bekannt waren. Es wird daher jener Satz in der zuletzt von mir im Jahre 1893 bei meiner Revision der Hyalonematiden, S. 28, gegebenen Gattungsdiagnose von *Hyalonema*, welcher lautet: »Die Seitenoberfläche des Körpers ist glatt, ohne frei vorragende Nadeln« durch ein vor dem Worte »glatt« einzuschiebendes »in der Regel« einzuschränken sein. Übrigens haben sich die von mir bei jener Revision angewandten Principien, zumal die vorwiegende Berücksichtigung der Microsclere, hier im Allgemeinen gut bewährt. So liefs sich zum Beispiel jede der neuen Arten leicht in eine der vier Gruppen einordnen, welche ich zur ersten Orientirung innerhalb der Gattung nach der Beschaffenheit der parenchymalen Microhexactine gebildet habe, je nachdem die Strahlen der letzteren 1. gerade und glatt, 2. gerade und rauh, 3. gebogen und glatt, 4. gebogen und rauh sind.

Ich werde deshalb auch hier die Reihenfolge der zu beschreibenden indischen *Hyalonema*-Arten nach dieser Gruppirung innehalten und beginne mit denjenigen Formen, welche zahlreiche parenchymale Micro-Oxyhexactine mit geraden, glatten Strahlen besitzen.

Hyalonema aculeatum nov. spec.

Unter den vielen kleinen Hyalonematiden, welche bei den Andamanen gefunden wurden, zeichnen sich vier durch den Besitz langer *Prostalia lateralia* aus, so dafs ich anfangs glaubte, junge *Pheronema* vor mir zu haben. Dies erschien um so eher möglich, als die hier vorhandene nach unten stark verdünnte Birnform des Körpers und das schmale Bündel von langen Basalnadeln von Wyv. Thomson auch an jungen *Pheronema Carpenteri* beobachtet und in seiner Mittheilung über diesen Schwamm in den Philosophic. Transactions 1869 auf Plate LXXI abgebildet wurde. Indessen lehrte die genauere Untersuchung doch bald, dafs es sich nicht um ein *Pheronema*, sondern um eine zur Gattung *Hyalonema* gehörige Form handelt.

Schon der Mangel zweizähniger Ankernadeln und der einfachen Uncinate, sodann der hoch emporragende conus centralis und die rein quadratische Gitternetzbildung der äufseren Haut schliefst dieselbe von der Gattung *Pheronema* aus, während sowohl die gröfseren Bauverhältnisse als besonders die Form sämmtlicher Nadeln auf *Hyalonema* weist. Es wird daher nichts übrig bleiben als den Gattungsbegriff *Hyalonema* (wie oben geschehen) dadurch etwas zu erweitern, dafs diese Gattung nicht nur glatte, sondern auch mit Prostalia lateralia versehene, also stachelige Arten umfafst. Allerdings ist dabei zu beachten, dafs gerade diese Stücke, welche wegen ihrer seitlich frei vorstehenden Nadeln zur Aufstellung der neuen Species *Hyalonema aculeatum* Veranlassung gegeben haben, wahrscheinlich Jugendformen darstellen, demnach die Möglichkeit nicht ausgeschlossen, dafs diese Art im ausgewachsenen Zustande die Prostalia lateralia verlieren und dann ebenso nackt erscheinen könnte wie die übrigen *Hyalonema*-Arten. Indessen kann ich doch diese Möglichkeit deshalb nicht für wahrscheinlich halten, weil von den vier vorliegenden, recht verschieden grofsen Exemplaren keineswegs das kleinste die meisten Stacheln zeigt. Vielmehr nimmt bei diesen Stücken die Zahl, die Gröfse und sogar die Verbreitung der Prostalia lateralia mit der wachsenden

Körpergröfse zu, wie ein Blick auf die in Fig. 1–4 der Taf. III dargestellten vier Individuen zeigt.

Wenn auch die Gestalt der einzelnen Stücke, deren kleinstes 7^{mm} lang und 5^{mm} breit, deren gröfstes 14^{mm} lang und 10^{mm} breit ist, ebenso wenig wie ihre Gröfse völlig übereinstimmt, so gleichen doch alle einem Rettig mit stark verjüngtem schmaleren Ende, aus welchem ein $2-4^{cm}$ langer und höchstens 1^{mm} breiter Wurzelnadelschopf in der Verlängerung der Hauptaxe des Körpers frei hervorragt. Das breitere obere Ende ist bei den beiden kleineren Exemplaren von einer höckerartig vorgewölbten Fortsetzung der Haut continuirlich überzogen, während bei den beiden gröfseren sich im Centrum der oberen Endfläche eine kleine kreisförmige Oscularöffnung findet, deren scharfkantige Umrandung sich jedoch noch nicht zu einem senkrecht aufgerichteten Marginalnadelsaum ausgebildet hat. Die bei den kleineren Stücken $5-10^{mm}$, bei den gröfseren $10-20^{mm}$ und darüber langen Prostalia lateralia finden sich nur an dem oberen breiteren Theile des Schwammkörpers, und zwar nimmt ihre Zahl, Gröfse und Ausbreitung nach abwärts mit dem Alter des Schwammes zu, so dafs an dem jüngsten Exemplar nur etwa das oberste Dritttheil, bei den mittleren etwa die obere Hälfte, bei dem ältesten dagegen die oberen zwei Dritttheile frei vorstehende Nadeln tragen. Die Richtung der letzteren ist zwar im Allgemeinen rechtwinkelig zur Oberfläche, doch streben besonders bei den jüngeren Thieren die meisten Nadeln mehr nach aufwärts. In der Regel ragt jedes dieser Prostalia aus dem Gipfel einer kleinen kegelförmigen Erhebung der Haut hervor. Der Abstand derselben von einander beträgt $1-2^{mm}$. Die unteren sind die längsten und kräftigsten. Die Breite des ziemlich cylindrischen und in allen Fällen ganz nackten Basalnadelschopfes nimmt mit der Gröfse des Thieres allmählich zu und beträgt bei den etwa erbsengrofsen älteren Exemplaren $2-3^{mm}$. Die Länge ist kaum zu bestimmen, da alle mehr oder minder weit abgerissen sind; doch fand sich an einem Schwamme noch ein über 3^{cm} weit vorragender Wurzelschopf.

Das zierliche quadratische Gitternetz der Haut läfst sich schon mit freiem Auge, besser allerdings mit der Lupe, erkennen und entspricht im Ganzen dem Gradnetze eines Erdglobus.

Die lehmähnliche graugelbliche Farbe ist dem Weichkörper an sich eigen und nicht etwa durch aufgenommenen Schlamm bedingt.

Als parenchymale Macrosclere trifft man aufser den bekannten kräftigen Oxyhexactinen mit ganz glatten gegen das spitze Ende allmählich an Durchmesser abnehmenden Strahlen häufig gerade oder schwach gebogene Oxydiactine von 1–2^{mm} gröfster Länge und 10–20 μ gröfster Dicke, welche bald ganz glatt und gleichmäfsig spindelförmig, bald in der Mitte mit einer scharf abgesetzten knotenförmigen Verdickung oder vier im Kreuz gestellten Höckern, den Resten der vier atrophirten Strahlen, versehen sind. Häufig sind auch solche Oxydiactine, welche in der Mitte vier im Kreuz gestellte, spitze conische Erhebungen und an den beiden durchschnittlich etwa 500 μ messenden Strahlen mehr oder minder reichlich centralwärts gerichtete Dornen aufweisen und dadurch zu echten Ambuncinaten werden (Taf. III Fig. 13).

An das regelmäfsige quadratische bez. cubische Maschengerüst der rein parenchymalen Oxyhexactine fügen sich in regelmäfsiger Weise die ganz ähnlichen hypodermalen Oxypentactine an. Die grofsen, 3–4^{cm} Länge und über 70 μ Dickendurchmesser erreichenden Prostalia lateralia stellen glatte Oxydiactine dar, deren Axenkreuz (und damit das sichere Centrum) jedoch in der Regel nicht mehr deutlich zu erkennen ist. Die meisten langen Ankernadeln des Basalschopfes sind ganz glatt und mögen unten wohl mit einem ähnlichen Kreuze von vier quer abstehenden, hakenförmig emporgebogenen und mit einem durchgehenden Centralkanale versehenen Querstrahlen enden wie es oben bei *Pheronema circumpalatum* und auch früher schon bei einzelnen *Hyalonema*-Arten beschrieben wurde. Andere zeigen an dem Schafte in dessen ganzer Ausdehnung die schräg emporragenden kräftigen Seitenstacheln, welche nach dem oberen, spitz auslaufenden Ende zu immer kleiner werden und auch in einiger Entfernung von den Ankerzähnen des unteren Endes etwas an Stärke abnehmen. Die aus dem kolbenartig verdickten unteren Endtheile seitlich abgehenden, aber sich alsbald in kurzem Bogen emporbiegenden, schaufelförmigen vier Ankerzähne enthalten keine Axenkanäle. Der den ganzen Schaft durchsetzende gerade Axenkanal endet blind in einiger Entfernung von der halbkugelig abgerundeten unteren Endfläche, wird aber etwa 6 μ vor seinem Ende gekreuzt von den beiden sich rechtwinkelig schneidenden, etwa 6 μ langen Axenkanalresten der vier abortirten Querstrahlen (Taf. III Fig. 14).

Die dermalen Pinule haben einen ziemlich gleichmäfsigen Charakter. Ihre Höhe beträgt etwa 80 μ, die Länge der am lateralen Ende schwach bedornten und allmählich zugespitzten vier rechtwinkelig gekreuzten Basalstrahlen etwa 35 μ. Die schrägen (etwa unter 45°) vom Hauptstrahl abstehenden Dornen bilden eine ziemlich breite, nach dem oberen spitz auslaufenden Ende zu allmählich sich verschmälernde Krone von 30–40 μ Breite. Doch bleibt der untere Theil des Stammes bis auf 20–30 μ von Seitendornen frei, ein Umstand, welcher zusammen mit der verhältnifsmäfsig grofsen Länge der schlanken Basalstrahlen diesen Pinulen einen eigenartigen Charakter giebt (Taf. III Fig. 6 und 7).

Die 200–300 μ langen Macramphidiske der Haut, deren achtzinkige, glockenförmige Schirme etwa 70 μ lang und ebenso breit sind, haben einen schwachhöckerigen, etwa 12 μ dicken Schaft, welcher in der Mitte vier oder acht im Kreuz gestellte starke, buckelförmige Vorsprünge trägt (Taf. III Fig. 9).

Die zahlreich vorhandenen Micramphidiske variiren in der Länge zwischen 10 und 30 μ bei einer Schirmbreite von 5 bez. 10 μ. Der Schirm ist halbkugelig gewölbt und hat 10–12 Zinken. Der schmale Axenstab trägt in der Regel einige unregelmäfsig vertheilte niedrige Dornen (Taf. III Fig. 10–12).

Die zahlreich vorhandenen parenchymalen Micro-Oxyhexactine haben gerade, ganz allmählich vom Knotenpunkte bis zum spitzen Distelende an Stärke abnehmende dünne, glatte Strahlen von 70–80 μ Länge (Taf. III Fig. 8).

Sämmtliche vier Stücke dieser Art stellen offenbar junge Individuen dar und waren noch frei von Palythoa.

Von bereits bekannten *Hyalonema*-Arten dürfte *Hyalonema globus* F. E. Sch., von welcher ein Exemplar bei den Banda-Inseln in 958^m Tiefe von der Challenger-Expedition erbeutet wurde, dieser Species am nächsten stehen. Zwar weicht es durch die ausgeprägte Kugel- oder Erdglobusform, sowie durch den Mangel der Prostalia lateralia von dem rübenförmigen stachelbesetzten *Hyalonema aculeatum* in der äufseren Erscheinung sehr wesentlich ab, nähert sich demselben jedoch durch die Gestalt und Gröfse der Microsclere, besonders der dermalen Pinule. Immerhin ist zu berücksichtigen, dafs auch hierin noch verschiedene Differenzen bestehen. So haben z. B. die Dermalpinule von *Hyalonema globus* einen kräftigen Terminalconus, diejenigen von *Hyalonema aculeatum* nur eine dünne Endspitze u. s. w. Es dürfte daher eine wirkliche Artidentität ausgeschlossen sein.

Gefunden sind alle vier Stücke bei N.-Sentinel, Andamanen, in einer Tiefe von 457^m.

Hyalonema heideri nov. spec.

Neben den durch ihre weit vortretenden Seitenstacheln auffälligen *Hyalonema aculeatum* fand sich ein ebenfalls birn- oder rübenförmig gestalteter Schwamm von ähnlicher Körpergröfse (10^{mm} lang, 5^{mm} breit), welcher auch im Übrigen dem soeben beschriebenen *Hyalonema* gleicht, jedoch ohne eine Spur von Prostalia lateralia völlig glatt erscheint (Taf. III Fig. 15).

Nach der Zerlegung desselben in eine lückenlose Serie paralleler Längsschnitte von $\frac{1}{4}^{mm}$ Dicke liefs sich leicht erkennen, dafs auch die Gestalt, Gröfse und Lagerung sämmtlicher (gröfstentheils auf Taf. III Fig. 16—22 abgebildeten) Nadelformen im Wesentlichen mit der bei *Hyalonema aculeatum* gefundenen der entsprechenden Nadeln übereinstimmt; nur ist mir aufgefallen, dafs die dermalen Macramphidiske erheblich gröfser (etwa $300\,\mu$ lang) (Taf. III Fig. 20) sind als bei der anderen Art.

Ich mufs gestehen, dafs ich lange schwankte, ob ich diese Form als eine glatte Varietät der vorigen oder als besondere Art aufführen sollte, habe mich aber schliefslich doch aus den oben (S. 18) angegebenen Gründen für das letztere entschieden. Wir kennen freilich den Werth des Vorkommens langer Prostalia lateralia bei Hyalonemen als systematischen Charakter jetzt noch nicht; jedoch mufs es von vorn herein für unwahrscheinlich gehalten werden, dafs eine so grofse Differenz nicht auch eine erhebliche systematische Bedeutung habe.

Den Speciesnamen dieser Form habe ich zu Ehren meines Freundes und Arbeitsgenossen, des Hrn. Prof. Carl Heider, gewählt, mit dem ich fast täglich wissenschaftliche Fragen, ähnlich der eben berührten, zu besprechen Gelegenheit hatte.

Das einzige Exemplar dieser Species ist zugleich mit denjenigen der so nahe verwandten vorigen Art bei N. Sentinel, Andamanen, in 457^m Tiefe gefunden.

— — — — —

Von den *Hyalonema*-Arten, welche parenchymale Micro-Oxyhexactine mit geraden rauhen Strahlen besitzen, will ich zunächst diejenigen beschreiben, welche in grofsen, ganz oder nahezu ausgewachsenen Exemplaren vorliegen und sodann einige sehr kleine, wahrscheinlich junge Stücke.

Hyalonema indicum nov. spec.

Die beiden nahezu gleich grofsen und sehr ähnlich gestalteten Stücke, aus welchen ich die neue Art *Hyalonema indicum* mache, stammen von verschiedenen und zwar ziemlich weit auseinander liegenden Gegenden des indischen Oceanes, die eine aus der Nähe der Laccadiven, die andere aus dem Andamanen-Meere. Die Übereinstimmung in Form, Bau und Nadelgestalt ist so grofs, dafs ich meine ursprüngliche Absicht, aus jedem der beiden Exemplare eine eigene Art zu machen und sie als *Hyalonema laccadivense* und *andamanense* zu unterscheiden, aufgegeben habe und die in der That vorhandenen, wenngleich unerheblichen Differenzen zur Charakteristik zweier Subspecies dieser Art, die vielleicht den Werth sogenannter Localvarietäten haben, verwende.

Ich werde zunächst die übereinstimmenden Artcharaktere hervorheben und sodann jede der beiden Unterarten für sich charakterisiren.

Der tulpenförmige Körper beider Stücke hat eine Länge von etwa 7^{cm} und eine gröfste, in der Nähe des abgestutzten oberen Endes befindliche Breite von 4^{cm}.

Die flach ausgespannte osculare Siebmembran zeigt zahlreiche $1-2^{mm}$ weite rundliche Lücken und geht an der annähernd kreisförmigen Peripherie in einen niedrigen scharfkantigen Marginalsaum über, welcher nach aufwärts und etwas lateralwärts gerichtet ist. Das engmaschige quadratische Hauptgitternetz ist noch ziemlich gut erhalten. Aus dem verjüngten und leicht abgerundeten unteren Ende des einen Exemplares ragt noch ein gut erhaltener, über 18^{cm} langer und fast 3^{mm} dicker, cylindrischer Basalschopf hervor, welcher an seinem spiralig gedrehten oberen Theile in einer Länge von mindestens 14^{cm} mit einer continuirlichen Palythoa-Kruste überzogen ist (Taf. IV Fig. 1) und von da an nach abwärts sich in ein Bündel schwach divergirender Nadeln auflöst. Die Farbe der in Spiritus aufbewahrten Körper ist hell lehmfarben. Unter den parenchymalen Macroscleren überwiegen gerade oder schwach gebogene, glatte Oxydiactine mit oder ohne centrale, einfache oder knotenförmig abgesetzte Anschwellung. Auch kommen am Centraltheile derselben zuweilen vier im Kreuz gestellte buckelförmige Vorsprünge vor. Die Länge dieser Oxydiactine variirt sehr und schwankt meistens zwischen 1 und 2^{mm}, ihre Dicke beträgt in der Regel $5-20\mu$ (Taf. IV Fig. 2).

Seltener sind Oxyhexactine mit ziemlich gleich langen, 30–40 μ dicken, geraden, glatten und gegen das spitze Ende ganz allmählich sich verschmälernde Strahlen. Gelegentlich kommen auch Monactine mit verdicktem, zuweilen selbst stecknadelknopfartig abgesetztem Centralende vor. Bei den als Stützznadeln besonders wichtigen subdermalen Oxypentactinen übertrifft der 50 und mehr μ erreichende radiale Strahl die vier paratangentialen Strahlen in der Regel erheblich an Länge (Taf. IV Fig. 2 und Taf. V Fig. 2).

Wie sich an dem besser erhaltenen Stücke leicht erkennen läfst, bestehen die in der Nähe des unteren Körperendes zahlreich vorhandenen Acanthophoren hauptsächlich aus kreuzförmigen Tetractinen und aus geraden Diactinen. Weniger häufig sind acanthophore Hexactine, Pentactine, Triactine und Monactine. Während alle diese Acanthophoren in der Nähe der äufseren Körperoberfläche nur klein erscheinen und, vollständig mit gleichmäfsig entwickelten Zacken bedeckt, wie mit Zucker candirt aussehen, erreichen sie weiter einwärts etwas gröfsere Länge, zeigen die Zacken nur noch an den kolbig verdickten Strahlenenden und erfahren gar nicht selten Biegungen verschiedener Art.

Die den Ringsaum des Oscularfeldes bildenden diactinen Marginalia haben nur eine Gesammtlänge von 100–120 μ. Während der im Weichkörper geborgene Strahl ganz glatt ist, trägt der freie äufsere Strahl kurze, nach der langen glatten Endspitze zu allmählich immer kleiner werdende Seitenstacheln. Das Centrum ist durch vier im Kreuze gestellte halbkugelig abgerundete Seitenbuckel markirt, welche Rudimente von Axenkanälen entsprechen.

Die langen und bis zu $\frac{1}{4}^{mm}$ dicken Nadeln des basalen Schopfes sind entweder ganz glatt oder am gröfsten Theile ihres Schaftes mit dicht anliegenden Dornen besetzt, welche in einer nicht ganz regelmäfsigen und oft unterbrochenen Spirallinie angeordnet sind. Da das untere Ende des überhaupt nur an dem einen Exemplare erhaltenen Wurzelschopfes fehlt, so liefs sich Gestalt und Gröfse der Ankerzähne nicht feststellen.

Die dermalen Pinule sind im Allgemeinen schlank, aber von recht verschiedener Länge. Während sie bei dem in der Nähe der Laccadiven gefundenen Exemplare durchschnittlich 300–400 μ messen, erreichen sie an dem anderen, bei den Andamanen erbeuteten Stücke eine Gröfse von 500–600 μ und bleiben dabei doch an Breite des Seitenstacheln tragenden

Theiles hinter jenen zurück. Das Basalende bleibt in einer Ausdehnung von 40–50 μ glatt und mifst hier etwa 7 μ in der Dicke (Taf. IV Fig. 9 und Taf. V Fig. 14).

Die mäfsig kräftigen, gegen das zugespitzte Ende mit Rauhigkeiten oder kurzen Dornen versehenen Strahlen des Basalkreuzes sind gerade und 40–50 μ lang.

Ähnlich, nur etwas kürzer sind die Pinule der oscularen Siebmembran, weit kürzer und dabei erheblich schmächtiger diejenigen des ableitenden Kanalsystemes.

Die kräftigen dermalen Macramphidiske haben halbkugelig gewölbte Schirme mit 6–8 breiten schaufelförmigen Zacken. Der Schaft zeigt buckelförmige Erhebungen, deren einige in der Mitte einen Wirtel bilden, während die übrigen unregelmäfsig zerstreut und ziemlich spärlich stehen (Taf. IV Fig. 3 und Taf. V Fig. 3 und 4). Bemerkenswerth ist, dafs die Macramphidiske des von den Laccadiven stammenden Stückes gröfser und stärker sind als diejenigen des bei den Andamanen erbeuteten. Während die ersteren durchschnittlich eine Länge von 300 μ und eine Schirmbreite bis zu 100 μ haben, bleiben jene in der Regel kürzer und besitzen nur 60–80 μ breite Schirme (Taf. IV Fig. 3 und Taf. V Fig. 3 und 4).

Von diesen kräftigen Macramphidisken mit kurzen, breiten Schirmen unterscheiden sich die sehr verschieden grofsen, 50–130 μ langen Mesamphidiske, welche besonders reichlich bei dem Andamanen-Exemplare in der Auskleidungshaut der ableitenden Kanäle vorkommen, durch die höhere Wölbung der weit längeren, aber dabei bedeutend schmaleren, in der Regel acht schmale Zinken besitzenden Schirme (Taf. IV Fig. 4 und 5, Taf. V Fig. 5). Falls sich die Schirmzinken der beiden gegenüberstehenden Schirme erreichen, entsteht die Form eines ziemlich gestreckten Rotationselliphoides. An dem Schafte dieser Mesamphidisken finden sich in unregelmäfsiger Vertheilung stumpfe Querstacheln, welche an dem Mitteltheile ihre gröfste Höhe erreichen (Taf. IV Fig. 4 und 5, Taf. V Fig. 5).

Die hauptsächlich in der Aufsenhaut, aber auch in der oscularen Siebmembran reichlich vorhandenen Micramphidiske zeigen wie gewöhnlich halbkugelige Schirme mit 10–12 schmalen Zinken und dünnem, in der Mitte etwas verdickten Schafte. Ihre Gröfse schwankt zwischen 30 und 50 μ.

Die im ganzen Parenchyma zahlreich vorhandenen Micro-Oxyhexactine haben eine durchschnittliche Strahlenlänge von 50–60 μ. Die Dicke der

Strahlen beträgt in der Nähe des Centralkreuzungspunktes etwa 3μ. Sie sind durchaus gerade und in ganzer Länge mit kleinen Höckern besetzt, so dafs sie zweifellos als rauh bezeichnet werden müssen. Hier und da kommen ganz ähnliche Pentactine und kreuzförmige Tetractine vor (Taf. IV Fig. 11—13 und Taf. V Fig. 10—12).

Wegen des Unterschiedes, welcher sich zwischen den beiden Exemplaren dieser Art in der Gestalt und Länge der dermalen Pinule sowie in der Gröfse der dermalen Macramphidiske findet, sowie auch wegen der auffallenden Menge grofser Mesamphidiske bei dem einen von beiden Stücken, glaube ich dieselben als zwei Localvarietäten oder Unterarten auseinanderhalten zu müssen.

Ich unterscheide daher *Hyalonema indicum laccadicense* von *Hyalonema indicum andamanense*.

Das erstere hat dermale Pinule von 300—400 μ Länge, das letztere solche von 300—600 μ Länge mit etwas kürzeren Seitenstacheln des Hauptstrahles. Während bei der Subspecies *laccadicense* die dermalen Macramphidiske durchschnittlich 200 μ lang und bis zu 100 μ breit werden, sind dieselben bei *Hyalonema indicum andamanense* nur 100—150 μ lang und haben eine Schirmbreite von 60—70 μ. Letztere Unterart besitzt zahlreiche grofse ellipsoide Mesamphidiske, deren Schirme sich fast oder wirklich erreichen, während diese Nadelform bei *Hyalonema indicum laccadicense* nur selten und in meist kleineren Vertretern vorkommt.

Das einzige Exemplar von *Hyalonema indicum laccadicense* wurde bei den Laccadiven lat. N. 11° 12' 47" und long. O. 74° 25.'5 in einer Tiefe von 1830^m erbeutet. Das als *Hyalonema indicum andamanense* bezeichnete Stück war insofern defect, als der Basalnadelschopf sammt dem unteren verjüngten Ende des tulpenförmigen Körpers abgerissen war. Es ist bei den Andamanen in 1250^m Tiefe gefunden.

Hyalonema pirum nov. spec.

Wenngleich es mir zweifelhaft geblieben ist, ob die hier unter dem neuen Speciesnamen *pirum* vereinigten kleinen *Hyalonema*-Exemplare von den Andamanen (Taf. III Fig. 23—25) wirklich eine eigene Art darstellen oder vielleicht als Jugendformen zu einer anderen *Hyalonema*-Art, etwa zu dem oben beschriebenen *Hyalonema indicum*, gehören, so halte ich es doch für zweckmäfsiger, einstweilen diese immerhin von allen bekannten

Hyalonemen abweichenden Stücke besonders zu benennen, als sie willkürlich mit irgend einer bekannten Art zu vereinen, zu welcher sie möglicherweise, aber keineswegs sicher, als Jugendzustände gehören. Sollte sich später das letztere doch als richtig erweisen lassen, so mag der Name wegfallen, nachdem er provisorisch seine Dienste gethan hat.

Wie die drei auf Taf. III in Fig. 23–25 abgebildeten Stücke zeigen, variirt die Form zwar einigermafsen, doch so, dafs die allgemeine Ähnlichkeit des Körpers mit einer Birne oder einem unten zugespitzten Ei gewahrt bleibt. Das kleinste von den vier vorhandenen Exemplaren (Taf. III Fig. 25) ist am oberen Ende etwas mehr abgestumpft als die anderen und zeigt noch kein Osculum, während die übrigen ein mit der wachsenden Körpergröfse bis zu 3^{mm} Durchmesser wachsendes, rundliches, offenes Osculum ohne Siebmembran mit scharfem, am gröfsten (Taf. III Fig. 23) Stück sich schon etwas emporbiegenden Randsaume besitzen. Die äufsere Oberfläche läfst die regelmäfsige quadratische Gitternetzbildung der Haut besonders bei den gröfseren Exemplaren deutlich erkennen. Blickt man durch die Oscularöffnung in die Gastralhöhle, so sieht man deutlich einen fast bis zur Oscularebene emporragenden Centralconus, von welchem vier oder drei ungleich entwickelte longitudinale Radiärsepta mit concavem freien Oberrande zur Körperwand ziehen und in diese übergehen. An dem verschieden lang erhaltenen, aus wenigen (10–50) Nadeln bestehenden schmalen Wurzelschopfe findet sich nur bei einem und zwar dem gröfsten, in der Fig. 23 der Taf. III abgebildeten Exemplare die Andeutung einer Palythoa-Bekleidung in Gestalt eines einzigen kleinen, kugelig zusammengezogenen Polypen, welcher unmittelbar unter dem unteren Körperende dem Basalschopfe des Schwammes einseitig ansitzt.

Während die Macrosclere in Form, Gröfse und Lagerung nicht wesentlich von den bei *Hyalonema indicum* beschriebenen abweichen, markiren sich folgende Unterschiede hinsichtlich der Microsclere. Im Gegensatze zu den 300–600 μ langen dermalen Pinnulen von *Hyalonema indicum* zeigen hier die meisten Dermalpinule bei fast gleicher Dicke und etwas schwächerem Zackenbesatze eine geringere Durchschnittslänge (von circa 300 μ). Die ziemlich variabeln dermalen Macramphidiske stimmen nach Form und Gröfse im Allgemeinen mit denjenigen von *Hyalonema indicum* überein und kommen auch in ziemlich gleicher Anzahl wie dort vor. Dagegen finden sich die Mesamphidiske, wenngleich in Gestalt und Gröfse ziemlich übereinstimmend, hier weit weniger zahlreich als bei *Hyalonema indicum*. An den mäfsig zahlreich vorhandenen Micramphidisken finde ich keinen wesentlichen Unterschied. Ebenso wenig bieten die mäfsig zahlreich vorhandenen parenchymalen, rauhen Micro-Oxyhexactine bemerkenswerthe Abweichungen (Taf. III Fig. 27). Die bei beiden Unterarten von *Hyalonema indicum* vorkommenden planen Oxytetractine fehlen hier ganz.

Das gröfste Stück von 20^{mm} Körperlänge und 12^{mm} Dicke stammt aus der Nähe der kleinen Andamanen-Insel Ross-Island, wo es in einer Tiefe von 485^m gefunden ist. Die drei anderen bedeutend kleineren Exemplare, von welchen zwei in Fig. 24 und 25 der Taf. III abgebildet sind, wurden ebenfalls bei den Andamanen, aber in der Nähe von N.-Sentinel in 475^m Tiefe erbeutet.

Hyalonema heymonsi nov. spec.

Auch die jetzt zu beschreibende, nur in einem sehr kleinen Exemplare vorliegende Form kann möglicherweise ein Jugendzustand von *Hyalonema indicum* sein, doch ziehe ich es aus den oben angedeuteten Gründen vor, ihr vorerst einen eigenen Artnamen, *heymonsi*, zu geben, und zwar nach meinem geehrten Assistenten und Freunde, welcher mir in der Anfertigung von Praeparaten für diese ganze Untersuchung eifrigst behülflich war.

Wie die in natürlicher Gröfse ausgeführte Abbildung 14 auf Taf. IV zeigt, handelt es sich um einen abgerundet spindelförmigen Körper von 10^{mm} Länge und 4^{mm} gröfster Breite, welcher an seinem oberen Ende noch keine Oscularöffnung zeigt, am unteren aber einen schmächtigen, aus nur wenigen (10—20) Basalnadeln bestehenden Wurzelschopf trägt. Die quadratische Gitternetzbildung der Haut ist noch nicht sehr deutlich ausgeprägt.

Wenn auch die Macrosclere im Allgemeinen in Gröfse, Form und Lage mit denjenigen von *Hyalonema indicum* und *pirum* übereinstimmen, so finden sich doch bei den Microscleren folgende Abweichungen.

Die dermalen Pinule sind hier bei mindestens gleicher Länge (300—350μ) erheblich dünner als dort und zeigen nur ganz kurze Seitenstacheln des Hauptstrahles (Taf. IV Fig. 18). Die dermalen Macramphidiske sind bei gleicher Form kürzer (unter 300μ); Mesamphidiske sind nicht zu finden, während die zahlreich vorhandenen Micramphidiske und die ebenfalls reichlich zu sehenden rauhen Micro-Oxyhexactine in Form und Gröfse nicht wesentlich abweichen.

Auch hier fehlen plane parenchymale Micro-Oxytetractine vollständig. Das einzige Stück dieser Art wurde in der Bai von Bengalen, lat. N. 9° 34', long. O. 85° 43' 15", in der grofsen Tiefe von 3008^m gefunden.

Hyalonema weltneri nov. spec.

Wenngleich das Stück, welches zur Aufstellung der jetzt zu beschreibenden neuen Art Veranlassung giebt, zweifellos einen Jugendzustand darstellt, so kann doch schon wegen der eigenartigen und scharf charakterisirten dermalen Pinule seine Selbstständigkeit als Repraesentant einer eigenen Species nicht bezweifelt werden. Den Speciesnamen *weltneri* habe ich nach meinem Freunde und verdienstvollen Mitarbeiter in der Spongiologie, Hrn. Custos Dr. Weltner, gewählt.

Der gestreckt spindelförmige, drehrunde Körper hat eine Länge von 16^{mm} und eine ziemlich in der Mitte befindliche gröfste Dicke von 4^{mm} (Taf. V Fig. 15).

Während das obere Ende mit einer abgerundeten Spitze ohne deutliche Oscularöffnung aufhört, ragt aus dem unteren oder basalen ähnlich gestalteten Körperende ein aus 15–20 Prostalia basalia bestehender Wurzelschopf hervor, welcher unten abgebrochen, aber doch noch etwa 12^{mm} lang ist.

Die Macrosclere stimmen im Wesentlichen mit denjenigen von *Hyalonema indicum* überein.

Von den Microscleren nehmen vor Allem die dermalen Pinule als charakteristische Formelemente das Interesse in Anspruch. Dieselben sind nur etwa 150 μ lang. Die kräftigen Strahlen des Basalkreuzes haben eine mittlere Länge von nur 20 μ. Sie enden ziemlich stumpf und sind in ganzer Ausdehnung gleichmäfsig aber kurz bedornt. Während der etwa 5 μ dicke basale Theil des Hauptstrahles in einer Ausdehnung von etwa 20 μ glatt und nackt erscheint, erreichen die unten etwas mehr abstehenden, nach oben zu sich immer dichter anlegenden, kräftigen Seitenstacheln die Länge von etwa 20 μ. Das obere Ende wird durch einen 8–12 μ dicken gedrungenen Centralconus gebildet (Taf. V Fig. 24).

Die spärlich vorhandenen Macramphidiske erreichen die Länge von 200 μ bei einer gröfsten Breite von 70 μ. Ihre bis zu 80 μ langen, glockenförmigen Schirme haben acht ziemlich breite, schaufelförmige Zinken. Der mäfsig starke Schaft zeigt vier im Kreuz gestellte, centrale und aufserdem noch mehrere unregelmäfsig vertheilte, quer abstehende Höcker mit abgerundetem Ende (Taf.V Fig.17).

Erheblich kleinere Amphidiske ähnlicher Form finden sich vereinzelt und sind als Mesamphidiske zu bezeichnen (Taf.V Fig.18). Die häufig vorkommenden Micramphidiske zeigen die bei den meisten *Hyalonema*-Arten gewöhnliche Form und Gröfse (Taf.V Fig.19 und 20).

Die sehr zahlreich das Parenchym durchsetzenden Micro-Oxyhexactine haben mäfsig starke Strahlen von etwa 60 μ Länge, welche zum gröfsten Theile deutlich rauh oder selbst höckerig erscheinen, während bei einigen die Rauhigkeit so gering wird, dafs man sie fast für glatt halten könnte (Taf.V Fig.22).

In der Nähe des basalen Körperendes treten dicht unter der äufseren Haut zugleich mit den derben Acanthophoren gewöhnlicher Art schlanke Hexactine, Pentactine und kreuzförmige Tetractine auf, deren sehr verschieden lange (80–200 μ) dünne Strahlen mit schmächtigen, quer oder schräg abstehenden, geraden oder schwach gebogenen Seitenstacheln wechselnder Länge besetzt sind (Taf.V Fig.23).

Amphidiscinate wurden nicht gefunden. Von den bisher beschriebenen *Hyalonema*-Arten steht *Hyalonema poculum* F. E. Sch. Chall. Rep. S.208 und Pl.33 dem *Hyalonema weltneri* am nächsten, unterscheidet sich aber von ihm durch die weit längeren, schmaleren Dermalpinule.

Das einzige Exemplar von *Hyalonema weltneri* wurde bei den Laccadiven, lat. N.11° 12'47", long. O.74° 25'.5, in einer Tiefe von 1830^m gefunden.

Hyalonema masoni nov. spec.

Auch aus jener Gruppe der *Hyalonema*-Arten, welche parenchymale Micro-Oxyhexactine mit glatten, stark gebogenen Strahlen aufweisen, finden sich unter den Hexactinelliden der Investigator-Ausbeute einige neue Arten. Die stattlichste derselben will ich zu Ehren des verstorbenen Directors des Indian Museum in Calcutta, Hrn. Prof. Wood-Mason, welcher die Güte hatte, mir die ganze Spongienausbeute des Investigators zur Bearbeitung zu überlassen, *Hyalonema masoni* nennen.

Der Körper hat die Gestalt eines schlanken, etwas ausgebauchten Trichters. Seine Länge beträgt 12^{cm}, seine gröfste Breite am oberen Rande 6^{cm}.5. Von der unteren, massigen, kegelförmigen Körperhälfte aus ragt ein freier, oben abgerundeter Centralconus von 15^{mm} Länge und 5^{mm} Basaldurchmesser in die weite Trichterhöhle empor, welche gebildet wird von der ringplattenartig entwickelten oberen Hälfte der Körperwand. Dieser obere ringplattenförmige Theil des Körpers hat an seiner Basis, d. h. da wo er sich aus der kegelförmigen, unteren Körperhälfte erhebt, einen Dickendurchmesser von 5–10^{mm} und verschmälert sich von hier an ganz allmählich bis zu dem oberen freien, scharf auslaufenden Rande (Taf. VI Fig. 1).

Während die ganze äufsere Körper-Oberfläche bei der durchaus gleichmäfsigen Entwickelung des feinen Hautgitternetzes dem blofsen Auge ziemlich glatt und eben erscheint, zeigen sich an der Innenfläche der grofsen Gastralhöhle zahlreiche rundliche Öffnungen von 1–5^{mm} Durchmesser. Diese Ausmündungen des abführenden Kanalsystemes sind zwar im Allgemeinen durchaus unregelmäfsig vertheilt, nehmen aber gegen den freien Oscularrand an Gröfse ab. Von einer selbständigen oscularen Siebmembran ist keine Spur vorhanden.

Aus dem verjüngten unteren Ende des Schwammkörpers ragt ein 6^{mm} dicker cylindrischer Basalschopf von spiralig zusammengedrehten Nadeln hervor, welche durchschnittlich 0^{mm}5 dick sind. Obwohl die unteren Nadelenden abgebrochen sind, weist doch der frei vorstehende Theil des ganzen Wurzelschopfes eine Länge von über 16^{cm} auf (Taf. VI Fig. 1).

Von besonderem Interesse ist der Umstand, dafs der obere, dicht geflochtene Theil des Nadelschopfes hier nicht wie bei vielen anderen *Hyalonema*-Arten von einer Palythoa-Rinde umgeben, sondern auf eine Entfernung von 10^{cm} vom Schwammkörper aus nach abwärts mit Cirripeden besetzt ist, welche, von verschiedener Gröfse (bis zu 44^{mm} Länge), zwar keine zusammenhängende Decke bilden, aber doch in ihrer Gesammtheit das Volumen des Schwamm-Stieles erheblich vergröfsern. Ich ersuchte Hrn. Dr. Weltner, Custos von der zoologischen Sammlung des Berliner Museums für Naturkunde, die Bestimmung dieses Cirripeden vorzunehmen. Derselbe hatte die Güte, meinem Wunsche zu entsprechen. Er erkannte, dafs es sich um eine neue, bisher noch nicht beschriebene Art der für den indischen Ocean überhaupt neuen Gattung *Scalpellum* handle und hat dieselbe (in den Sitzungsberichten der Gesellschaft naturforschender Freunde zu Berlin 1894 S. 81) als *Scalpellum squamuliferum* Weltner ausführlich charakterisirt und beschrieben. Zugleich fand Hr. Dr. Weltner zwischen

Hexactinelliden des indischen Oceanes. 33

diesen *Scalpellum* noch ein 8^mm langes Exemplar einer anderen neuen Cirripeden-Art, welche er gleichfalls an demselben Orte beschrieben und *Megalasma carino-dentatum* Weltner genannt hat.

Nach dem unteren abgebrochenen Ende des Schopfes zu fahren die langen Basalnadeln etwas büschelförmig auseinander.

Wenn auch die Consistenz der verhältnifsmäfsig dünnen Trichterplatte der oberen Hälfte des Schwammkörpers weniger fest erscheint als diejenige des compacten unteren Theiles, so kann man sie doch nicht gerade als schlaff bezeichnen. Ob eine schwache, rostbraune Färbung der äufseren Oberfläche, welche auffällig gegen die graue Lehmfarbe des ganzen Parenchymes absticht, dem lebenden Schwamme eigen war oder erst später nach der Conservirung in Spiritus als ein fremdartiger Niederschlag auftrat, kann ich nicht angeben.

Die Macrosclere gleichen in Form und Anordnung denjenigen der meisten übrigen *Hyalonema*-Arten, nur ist hervorzuheben, dafs hier noch mehr als bei den meisten übrigen Hyalonemen im Parenchyme die Diactine praevaliren, so dafs man (besonders in dem oberen Trichterplattentheile) auf feineren Schnitten zwischen den zahllosen spitz auslaufenden oder mit schwacher, rauher Endanschwellung versehenen Diactinen nur selten einmal ein gröfseres Oxyhexactin erblickt. Die dermale und gastrale Hautschicht, sowie die Auskleidungsmembran der gröfseren ableitenden Kanäle wird hier wie fast überall von kräftigen glatten Oxypentactinen gestützt.

Zwischen den mäfsig starken Acanthophoren gewöhnlicher Bildung finden sich im unteren Basaltheile des Schwammkörpers nicht selten jene kleinen Kieselkugeln, welche wegen ihrer streng concentrischen Schichtung den Namen »Kieselperlen« verdienen und von mir unlängst bei *Pheronema giganteum* F. E. Sch. aufgefunden und beschrieben[1] sind.

Die überall ziemlich gleichmäfsig entwickelten dermalen Pinule erinnern im Habitus an italienische Pappeln und haben eine Durchschnittshöhe von 160μ. Die kräftigen, etwas rauhen Strahlen ihres Basalkreuzes sind nur etwa 20μ lang. Auf dem etwa 16μ langen, ganz glatten und zackenfreien unteren Theil des Hauptstrahles folgt der mit schräg emporragenden Seitenstacheln (von 10–20μ Länge) besetzte längere Endtheil, dessen knospenförmiges oberes Ende jedoch nur einen mäfsig starken

---

[1] Sitzungsberichte der Berl. Akademie 1893, S. 996.

Centraleonus birgt. Von gleicher Form und Größe sind die auf der Innenfläche des Trichters stehenden gastralen Pinule.

Die den oberen Randsaum des Trichters bildenden diactinen Marginalia zeigen in dem frei vorstehenden Distalstrahle einen ähnlichen Charakter wie die Dermalpinule, insofern das Basalende nackt bleibt und der mäßig buschige lange Endtheil ebenfalls der schmalen hohen Krone einer italienischen Pappel gleicht. Der lange proximale Strahl ist glatt und läuft einfach spitz aus. Vom Centrum stehen vier im Kreuz gestellte, halbkugelige Vorsprünge quer ab (Taf.VI Fig. 4).

Die dermalen Macramphidiske, welche 200–300μ, zuweilen bis zu 400μ lang werden, haben annähernd halbkugelige, 100-200μ breite und etwa 80μ lange Schirme mit acht schaufelförmigen Strahlen. Der etwa 15μ dicke Schaft hat in der Mitte vier im Kreuze gestellte Höcker und auch an der übrigen Oberfläche etwas niedrigere Vorsprünge ähnlicher Form hier und da unregelmäßig zerstreut (Taf.VI Fig. 10).

Die nur spärlich vorhandenen Mesamphidiske von etwa 100μ Länge haben etwas höher gewölbte, achtstrahlige Schirme mit schaufelförmigen Strahlen von 40μ Länge und einen (besonders im mittleren Dritttheile) höckerigen Axenstab (Taf.VI Fig. 7).

Die zahlreichen Micramphidiske zeigen die bei den Hyalonemen gewöhnliche Gestalt und Größe (Taf.VI Fig. 8 und 9).

Die im Parenchyme zahlreich vorhandenen Microxyhexactine haben glatte gebogene Strahlen von etwa 60μ Länge (Taf.VI Fig. 5 und 6). Daneben kommen aber auch bedeutend kräftigere und etwas größere Oxyhexactine im Parenchyme zerstreut vor, welche ganz gerade und stark höckerige Strahlen aufweisen (Taf.VI Fig. 11 und 3).

Das einzige vorhandene Exemplar dieser auffälligen und stattlichen Art ist gefunden in der Bai von Bengalen, lat. N. 11° 58'; long. O. 88° 52' 17", in einer Tiefe von 3200^m.

Hyalonema alcocki nov. spec.

Als *Hyalonema alcocki* will ich zu Ehren des eifrigen Sammlers aller hier beschriebenen indischen Tiefsee-Spongien, Mr. A. Alcock, ein neues *Hyalonema* beschreiben, welches zwar ebenso wie *H. masoni* zahlreiche parenchymale Microxyhexactine mit glatten stark gebogenen Strahlen hat, aber (von anderen Unterschieden ganz abgesehen) durch den Besitz einer eigenartigen, bisher überhaupt noch nicht bekannten Amphidisken-ähnlichen Nadelform so bedeutend von allen übrigen Hyalonemen abweicht, dafs ich anfangs geneigt war, dasselbe als Repraesentant einer eigenen Gattung aufzufassen. Doch hat mich schliefslich der Umstand, dafs alle übrigen Charaktere dieser neuen Form durchaus in den Bereich der Gattungsmerkmale von *Hyalonema* fallen, von der Aufstellung einer besonderen Gattung zurückgehalten.

Der gestreckt eiförmige Körper hat eine Länge von 8^{cm} und einen etwa in der Mitte gelegenen, gröfsten Querdurchmesser von $3^{cm}_{.}5$. Ob eine leichte seitliche Compression der natürlichen Form entspricht, oder, wie ich glaube, erst nachträglich durch Druck erzeugt ist, läfst sich nicht ganz sicher feststellen. Das dieser Compression entsprechend zu einem Oval verzogene obere Oscularfeld ist von einem niedrigen aber scharfen Ringsaum eingefafst und hat einen Durchmesser von etwa 15^{mm}. Die Oscularöffnung selbst ist verlegt durch ein mit schwacher Concavität ausgespanntes, sehr grofsmaschiges und nur aus dünnen Balken bestehendes Gitternetz, von dessen Mitte ein etwa 3^{mm} hoher und ebenso breiter abgerundeter Zapfen emporragt. Dieser Zapfen stellt das obere Ende eines langen schmalen Centralconus dar, an welchen sich unterhalb des oscularen Gitternetzes die mit diesem letzteren hier und da durch dünne Balken in Verbindung stehenden plattenförmigen Scheidewände der Hauptausführungsgänge des ableitenden Kanalsystems seitlich ansetzen. Durch das zarte engmaschige quadratische Gitternetz der äufseren Haut schimmern die lacunösen Subdermalräume und die von diesen nach innen führenden zahlreichen drehrunden Zuleitungsgänge als dunkle Löcken durch (Taf.VII Fig.1).

Der bei seinem Austritt aus dem etwas abgestutzten unteren Körperende 4^{mm} dicke Basalnadelschopf ist nur in einer Länge von 12^{cm} erhalten. Die im oberen Theile noch ziemlich fest spiralig zusammengedrehten Nadeln divergiren nach abwärts schwach, sind aber unten sämmtlich abgebrochen. Eine Palythoa- oder sonstige Bedeckung des Schopfes fehlt.

Die Macrosclere des Stützgerüstes unterscheiden sich nicht wesentlich von denjenigen des bisher beschriebenen Hyalonemen. Die subdermalen Oxypentactine erreichen durchschnittlich eine Dicke von 20μ und eine Länge des Hauptstrahles von $0^{mm}5$ und mehr.

Die dermalen pentactinen Pinule sind schlank und haben eine Durchschnittslänge von $400-600\mu$. Die nicht besonders kräftigen Strahlen ihres Basalkreuzes sind durchschnittlich 60–80 μ lang und mit kleinen Höckern spärlich besetzt. Der Basaltheil des Hauptstrahles ist glatt und höchstens 10 μ dick. Die schräge abstehenden und theilweise etwas emporgekrümmten Seitenstacheln sind nur kurz, höchstens 10 μ lang (Taf. VII Fig. 7). Von den dermalen Pinulen unterscheiden sich diejenigen des oscularen Gitternetzes nicht wesentlich. Ganz ähnlichen Charakter wie der Hauptstrahl der Pinule hat der allerdings nicht unerheblich längere, frei vorstehende Distalstrahl der den Marginalsaum bildenden, etwa 1^{mm} langen diactinen Marginalia, während ihr im Körperparenchym verborgener proximaler Strahl kürzer und durchaus glatt ist (Taf. VII Fig. 8). Vom Centralknoten stehen vier kreuzweise gestellte rundliche Buckel ab, welche sich zuweilen in eine kleine gekrümmte Spitze ausziehen.

Die in der Körperhaut vorkommenden Macramphidiske erreichen eine Länge von etwa 300 μ, während ihre mit acht Schaufelstrahlen versehenen, verhältnifsmäfsig flachgewölbten und kurzen Schirme circa 130 μ breit sind. Der Axenstab, welcher am Centrum vier kreuzförmig gestellte Buckel und aufserdem zahlreiche unregelmäfsig vertheilte niedrigere flache Höcker trägt, hat die ansehnliche Dicke von 20 μ (Taf. VII Fig. 3).

Als Mesamphidiske will ich hier und da ziemlich häufig vorkommende Amphidiske von 40–50 μ und etwa 15 μ Breite bezeichnen, deren annähernd halbkugelig geformte Schirme 8–12 Strahlen haben und etwa 16 μ lang sind. In der Mitte des mäfsig starken glatten Axenstabes findet sich stets eine knotenförmige Verdickung, von der häufig Zacken ausgehen (Taf. VII Fig. 5).

Die zahlreich vorhandenen Micramphidiske von 20–30 μ Länge unterscheiden sich nicht wesentlich von den oft beschriebenen gleichnamigen Nadeln anderer Hyalonemen. — Neben denselben kommen nun aber hier noch wesentlich abweichend gestaltete Nadeln von nahezu gleicher Länge (15–20 μ), jedoch meistens etwas gröfserer Breite (10–1·2 μ) vor, welche bisher überhaupt noch nicht bekannt waren und daher hier eine eingehende Beschreibung verdienen. Es handelt sich um Kiesel-Körper, welche zwar im Allgemeinen mit Amphidisken Ähnlichkeit haben aber schon dadurch wesentlich von denselben abweichen, dafs ihre stereometrische Grundform nicht radiärsymmetrisch, d. i. syngramm, sondern bilateralsymmetrisch, symped, ist. Man kann sich dieselben aus den echten Amphidisken hervorgegangen denken durch allmähliche Atrophie der einen Seitenhälfte einer halbkugeligen Endscheibe und der entgegengesetzten Seitenhälfte der anderen halbkugeligen Endscheibe, während dabei gleichzeitig der Axenstab aus der zur Glockenaperturebene senkrechten Richtung in eine schräge gerathen ist. Indem von den typischen acht schaufelförmigen Schirmzähnen zwei neben einander liegende bis zum völligen Schwund reducirt sind, der daneben befindliche jederseits schon weniger stark, das darauf folgende Paar nur schwach verkürzt und schliefslich das letzte ganz unverkürzt oder selbst etwas verlängert ist, entstehen jene merkwürdigen auf die Grundform eines Z zurückführbaren Nadeln, welche ich fortan als »Paradiske« bezeichnen werde, und welche auf Taf. VII in Fig. 4a und 4b, sowie in den Fig. 12–16 von verschiedenen Seiten abgebildet sind. Zuweilen erscheint auch der Schwund sämmtlicher Schirmzähne ringsum ziemlich gleichmäfsig, so dafs nur jederseits die schildförmige oder eischaalenähnlich gewölbte Mittelscheibe mit ziemlich glattem Rande übrig bleibt, wobei freilich auch diese Scheibe selbst an der einen Seitenkante stark geschwunden, an der gegenseitigen aber dafür verlängert (Taf. VII Fig. 11) und diese Veränderung an der gegenüberliegenden Schirmscheibe des Paradiskes in entgegengesetzter Richtung erfolgt ist. Der Axenstab der Paradiske zeigt entweder eine centrale, einfach spindelförmige Verdickung (Fig. 4a und 4b) oder vier im Kreuz stehende knopfförmige Höcker (Fig. 15) oder mehrere unregelmäfsig vertheilte buckelförmige Erhebungen (Fig. 16); oder endlich, er stellt eine einfache, glatte, cylinderische Walze dar (Fig. 11 und 12).

Die zahlreich vorhandenen parenchymalen Microxyhexactine haben stark gebogene glatte Strahlen von etwa 60μ Länge.

Unter den am basalen Endtheile des Körpers zahlreich vorhandenen 2–6 strahligen Acanthophoren verschiedener Gröfse traf ich vorwiegend einfache Kreuze mit kolbig verdickten stacheltragenden Enden der im Übrigen glatten Strahlen an.

Hyalonema alcocki ist nur in einem, dem soeben beschriebenen, Exemplare bei den Laccadiven in einer Tiefe von 2288^m gefunden.

Hyalonema investigatoris nov. spec.

An das durch das Vorkommen der merkwürdigen Paradiske besonders interessante *Hyalonema alcocki* schliefst sich eine andere Art derselben Gattung an, welche ebenfalls Paradiske besitzt, aber, wie es scheint, nicht neben Amphidisken, sondern ohne diese letzteren. Merkwürdiger Weise fehlen aber hier die parenchymalen Microxyhexactine mit gebogenen Strahlen, welche bei *Hyalonema alcocki* so häufig sind. Leider ist das einzige vorhandene Exemplar dieser neuen Art, welches ich nach dem Schiffe, von dem es erbeutet wurde, *Hyalonema investigatoris* nenne, nicht besonders gut erhalten.

Es handelt sich um einen Körper, welcher in seinem jetzigen, offenbar stark verdrückten Zustande eine dreieckige Platte von $8^{cm}\!.5$ Länge, 3^{cm} größter Breite und nur $3-4^{mm}$ Dicke darstellt, aus deren einer (unteren) Ecke ein Büschel kräftiger (bis zu $0^{mm}\!.5$ dicker), aber sämmtlich abgebrochener Basalschopfnadeln mehrere Centimeter weit hervorragt. Während die lange und eine nach abwärts gekehrte Seitenkante einfach abgerundet sind, zeigt die schräge nach aufwärts gerichtete Seitenkante zwei parallele an den Enden in einander übergehende Lippenränder mit glatter Innenfläche, zugeschärften äußerem Randsaume und zwischenliegender spaltartiger Vertiefung. Daß die letztere durch Zusammenpressung des Oscularfeldes entstanden ist, kann kaum zweifelhaft sein; doch läßt sich im Innern nichts mehr erkennen von der Beschaffenheit desselben.

Von der äußeren Hautschicht ist auf der unregelmäßig höckerigen Außenfläche nur hier und dort noch ein spärlicher Rest erhalten. Der Marginalsaum des Oscularfeldes ist nicht erhalten. Die Farbe des ganzen Schwammkörpers ist lehmähnlich mit einem Stich in's Gelbröthliche.

Wenn auch die Macrosclere sich nicht wesentlich von denjenigen des *Hyalonema alcocki* unterscheiden, so tritt doch bei einigen Microscleren eine deutliche Differenz in Gestalt und Größe hervor, so hauptsächlich z. B. bei den dermalen Pinulen, welche durchschnittlich $800\,\mu$, also etwa doppelt so lang sind als dort. Auch die Strahlen des Basalkreuzes sind hier etwas länger und dicker. Der Querdurchmesser des Hauptstrahles beträgt an dem unteren nackten und glatten Endtheile $10-16\,\mu$, während die schräge emporgerichteten Seitenzacken des übrigen Theiles zwar nicht länger, aber mit einer viel stärkeren Basalverdickung von der ebenfalls bedeutend kräftigeren Rachis entspringen als bei *H. alcocki* (Taf. VI Fig. 17).

Weder Macramphidiske noch Mesamphidiske vermochte ich aufzufinden, ohne damit behaupten zu wollen, daß dieselben der Species fehlen.

Auch Micramphidiske der gewöhnlichen Art mit halbkugeligen 12zähnigen Schirmen habe ich nicht mit Sicherheit nachweisen können. Dagegen kommen in der äußeren Körperhaut in großer Menge Paradiske der nämlichen Größe, Form und Variation vor, wie ich sie ausführlich bei

H. alcocki oben beschrieben und in Fig. 11–16 auf Taf. VII bei starker Vergröfserung abgebildet habe. Merkwürdig ist die ungemein weitgehende Variabilität dieser Kieselnadeln, welche ich mir, wie schon oben angedeutet ist, aus gewöhnlichen Micramphidisken durch einseitige Atrophie jeder Endscheibe phylogenetisch entstanden denke.

Sehr auffällig und überraschend war mir der Umstand, dafs sich im Körperparenchyme von *H. investigatoris* nichts von jenen Microxyhexactinen mit stark gebogenen Strahlen findet, welche bei *H. alcocki* so häufig sind. Trotz langem und eifrigen Suchen habe ich hier überhaupt nur ganz vereinzelt ein paar Oxyhexactine mit sehr dünnen geraden Strahlen gesehen, welche schräge distalwärts gerichtete kurze feine Dornen tragen.

Es wird demnach *H. investigatoris* in jene Gruppe der Hyalonemen-Bestimmungsclavis zu stellen sein, bei welcher im Parenchyme nur ganz vereinzelte oder gar keine Microxyhexactine vorkommen.

Gefunden ist das einzige Exemplar von *Hyalonema investigatoris* in der Bai von Bengalen, lat. N. 12°20'; long. O. 85°8', in einer Tiefe von 3300^m.

Hyalonema apertum F. E. Sch. 1887.

Aus der Gruppe jener *Hyalonema*-Arten, welche parenchymale Micro-Oxyhexactine mit gebogenen, bedornten Strahlen besitzen, haben sich zwei Formen unter den Investigator-Spongien gefunden, deren eine nur durch ein einziges erwachsenes Exemplar vertreten ist und trotz einiger kleinen Abweichungen unbedenklich zu der von mir im Jahre 1887 im Challenger Rep. beschriebenen und aus der Sagami-Bai bei Japan stammenden Art, *Hyalonema apertum* F. E. Sch., gerechnet werden kann. Es ist dies ein kelch- oder trompetenförmiger Körper von 9^{cm} Länge und 5^{cm} gröfster Breite seines oberen etwas wulstig nach aufsen umgeschlagenen Oscularrandes, während der gestreckte, seitlich schwach comprimirte Mitteltheil 2–3^{cm} im Durchmesser mifst und das untere Ende die Gestalt eines stumpfen Kegels hat (Taf. VIII Fig. 1). Während die ganze äufsere Oberfläche des Schwammkörpers ein sehr gleichmäfsig entwickeltes quadratisches Hautgitternetz aufweist, erscheint die frei vorliegende Innenfläche des trichterförmigen Gastralraumes gleichmäfsig glatt und nur hier und da von unregelmäfsig vertheilten kreisrunden Öffnungen verschiedener Gröfse (bis 4^{mm}) durchbrochen. Durch sehr ungleiche Entwickelung der vier ursprünglich zweifellos gleichwerthigen und im Kreuz gestellten Hauptausgangsöffnungen des ganzen ableitenden Kanalsystemes sind zwei neben einander liegende sehr grofs geworden und nur durch ein schmales Spatium getrennt, die beiden andern fast ganz verkümmert, wodurch denn auch das frei vorliegende Ende des Conus centralis ganz auf eine Seite gedrängt und hier der Länge nach angewachsen erscheint. Ähnliches kommt auch gelegentlich bei den aus der Sagami-Bai von Japan stammenden Stücken vor. Aus der Spitze des kegelförmigen Basalendes ragte ein jetzt leider abgebrochener, langer und schmächtiger Basalnadelschopf hervor, welcher von seinem Austritte aus dem Körper bis zu dem etwas büschelförmig aufgefaserten und ebenfalls abgebrochenen unteren Ende eine Länge von 45^{cm} hat. Die obere Hälfte dieses aus etwa 30 kräftigen Basalnadeln bestehenden Schopfes stellt einen fest spiralig zusammengedrehten Strang von $2^{mm}5$ Dickendurchmesser dar, während die untere Hälfte gelockert ist und keine spiralige Drehung zeigt. Dicht unterhalb des Schwammkörpers ist der Basalschopf übrigens in einer Ausdehnung von etwa 2^{cm} durch die Fufsplatte einer einzelnen, $8-10^{mm}$ hohen, 15^{mm} breiten und 6^{mm} dicken Actinie umwachsen, worauf eine fast 20^{cm} lange Umkleidung mit der bekannten Palythoa (fatua?) -Kruste folgt; das unterste Ende bleibt frei.

Ohne auf die Macroscleren näher einzugehen, welche hier keine Besonderheiten oder Abweichungen von den bei *Hyalonema apertum* der Sagami-Bai ermittelten und a.a.O. 240ff. beschriebenen Verhältnissen zeigen, will ich hier nur kurz die für jede Diagnose einer *Hyalonema*-Art besonders wichtigen Microsclere besprechen. Die dermalen wie die gastralen Pinule haben die mittlere Höhe von 150μ. Ihr Basalkreuz besteht aus vier geraden, kräftigen, rauhen Strahlen von nur 25μ Länge. Auf den 5μ dicken und ziemlich kurzen, glatten Basaltheil des radialen Hauptstrahles folgt der mit anfangs niedrigen, dann bis zu 10μ langen, gegen das einfache spitze Ende ganz allmählich an Höhe abnehmenden, schräg abstehenden Zacken besetzte, lange obere Theil (Taf.VIII Fig.4 und 5). Kürzer und schmächtiger, aber mit längeren Basalstrahlen versehen sind die canalaren Pinule der gröfseren Ableitungsgänge. Die dermalen, gastralen und canalaren Macramphidiske haben die Durchschnittslänge von $150-200\mu$. Ihre annähernd halbkugelig gewölbten, am Ende etwas eingebogenen, achtstrahligen Schirme sind etwa 40μ breit und fast ebenso lang (Taf.VIII Fig.6). Von der Mitte des nur etwa 8μ dicken Axenstabes ragen vier im Kreuz gestellte Höcker vor. Aufserdem sind eine Anzahl unregelmäfsig zerstreuter niedriger Buckel zu bemerken (Taf.VIII Fig.6). Mesamphidiske sind selten, etwa 40–60μ lang und halb so breit. Sie haben verhältnifsmäfsig längere glockenförmige, achtzinkige Schirme. Mieramphidiske finden sich zahlreich in der Dermal- und Gastralmembran. Sie sind 20–30μ lang, haben kurze, halbkugelige 10–12-zinkige Schirme und meistens eine Verdickung in der Mitte des schlanken Axenstabes. Von parenchymalen Micro-Oxyhexactinen kommen zwei verschiedene Formen vor. Die eine in grofser Menge vorhandene hat stark gebogene und mit etwas central zurückgebogenen Dornen reich besetzte Strahlen von 35–40μ Länge (Taf.VIII Fig.2). Die andere hat ganz gerade und gewöhnlich etwas dickere Strahlen von nur 25–30μ Länge, deren kräftige Dorne quer oder selbst etwas distal gerichtet sind (Taf. VIII Fig. 3).

Das einzige Exemplar dieser bisher nur aus dem Japanischen Meere bekannten Art ist zwischen der nördlichen und südlichen Sentinel-Insel der Andamanen in einer Tiefe von 798–1006^m gefunden.

Hyalonema machrenthali nov. spec.

Zwölf kleine, wahrscheinlich junge *Hyalonema*-Exemplare will ich hier beschreiben unter dem Namen *Hyalonema machrenthali* nach Hrn. Dr. von Machrenthal, Custos am Berliner zoologischen Institute, meinem langjährigen treuen Freunde und Mitarbeiter, welcher sich auch an dieser Arbeit durch Herstellung mehrerer trefflicher Photographien von ganzen Spongien betheiligt hat.

Die Frage, ob die unter dieser neuen Speciesbezeichnung zusammengefafsten Stücke wirklich — wie ich es glaube annehmen zu müssen — eine neue Art repraesentiren oder Jugendformen von *Hyalonema apertum* F. E. Sch. sind, hat mich lange beschäftigt.

Wenn sie auch in der Körperform von dieser soeben beschriebenen Art wesentlich abweichen, und auch hinsichtlich der Dimensionen einiger Microsclere erhebliche Differenzen bestehen, so stimmen sie doch mit derselben im ganzen Bau und in der typischen Gestalt sämmtlicher Nadeln so wesentlich überein, dafs die Möglichkeit der Zugehörigkeit keineswegs ausgeschlossen erscheint. Auch hier wird (wie in einigen anderen schon oben berücksichtigten Fällen) die Entscheidung, ob die bestehenden Abweichungen von dem ausgewachsenen *Hyalonema apertum* F. E. Sch. wirklich specifische sind oder nur durch den Jugendzustand bedingte Entwickelungseigenthümlichkeiten der schon bekannten Art darstellen, erst durch spätere Untersuchungen an einem reichlicheren, auch die Übergangsformen umfassenden Materiale zu gewinnen sein.

Sämmtliche zwölf Individuen haben Birnform des Körpers. Die meisten sind drehrund, einige in einer Richtung seitlich schwach zusammengedrückt. Die Körperlänge beträgt bei dem kleinsten Exemplare, Taf. VIII Fig. 7, 12^{mm}, bei den meisten 20–30^{mm} und bei einem besonders grofsen, in Fig. 11b der Taf. VIII abgebildeten Stücke 45^{mm}. In der Regel verhält sich der gröfste, etwas oberhalb der Mitte gelegene Breitendurchmesser zur Länge des Körpers ungefähr wie 2:3.

Überall ist am oberen Ende eine rundliche Oscularöffnung vorhanden, von einem glatten scharfrandigen Marginalsaume umgeben, welcher bei dem gröfsten Exemplare besonders deutlich abgesetzt und etwas nach aufsen gebogen erscheint. Im Allgemeinen nimmt zwar die Weite der Oscularöffnung mit der Gröfse des Schwammes zu, doch keineswegs streng proportional. Die Columella — Centralconus — erreicht in der Regel die Höhe der Apertur, steht jedoch keineswegs immer gerade in Axe, so dafs auch dementsprechend die von ihm seitlich zur Kelchwand abgehenden radiären Septa, welche in der Regel rechtwinkelig zu einander gerichtet sind, und die zwischenliegenden Hauptausmündungsöffnungen des ableitenden Kanalsystems keineswegs immer in der normalen Vierzahl vorhanden sind. Zuweilen ist der Centralconus so excentrisch gelegen, dafs er der Länge nach mit der Kelchwand verwachsen ist und nur 1, 2 oder 3 Septa entwickelt sind (Taf. VIII Fig. 7).

Die Länge und Dicke des mehr oder minder vollständig erhaltenen Basalnadelschopfes richtet sich im Grofsen und Ganzen nach der Körpergröfse. Bei dem gröfsten Stücke erreicht er in dem oberen, fest spiralig zusammengedrehten Theile einen Dickendurchmesser von 2^{mm} und ist in einer Ausdehnung von 7^{cm} erhalten (Taf. VIII Fig. 11b). Bei den meisten Individuen findet sich dicht unter dem verschmächtigten Körperende eine ringförmige Palythoa-Kruste mit 1–7 Polypen.

An der äufseren Körperoberfläche läfst sich überall ein mehr oder minder regelmäfsig entwickeltes quadratisches Hautbalkennetz erkennen, dessen Maschen im Allgemeinen mit der Gröfse des Individuums wachsen und an dem in Fig. 11 der Taf. VIII abgebildeten Stücke am deutlichsten ausgeprägt sind. Die Gastralfläche erscheint viel glatter, ist aber auch hier wie bei *Hyalonema apertum* von rundlichen bis zu 1^{mm} weiten, glattrandigen Lücken durchsetzt.

Da hinsichtlich der Anordnung, Gestalt und Gröfse der verschiedenen Nadeln die hier behandelten zwölf Exemplare von *Hyalonema machrenthali* sowohl unter einander als auch mit dem wenn nicht identischen, so doch jedenfalls nahe verwandten *Hyalonema apertum* in den meisten Punkten übereinstimmen, so will ich hier nur diejenigen deutlich ausgeprägten Differenzen hervorheben, welche zur Unterscheidung zweier verschiedener Arten führen müssen, falls es sich nicht um Altersdifferenzen handelt.

Die Länge und Stärke der Macrosclere hängt wesentlich von der Gröfse der einzelnen Individuen ab, so dafs alle Macrosclere der kleinsten Stücke bedeutend kürzer und schlanker sind als bei dem gröfsten (Taf. VIII Fig. 11*a* und 11*b*) und die hier vorhandenen ungefähr übereinstimmen mit denjenigen von *Hyalonema apertum*.

In Betreff der dermalen Pinule ist hervorzuheben, dafs dieselben bei sonst gleichem Bau an allen zwölf Individuen erheblich länger sind als bei dem oben beschriebenen *Hyalonema apertum*. Während sie nämlich dort ebenso wie bei den japanischen Exemplaren von *Hyalonema apertum* zwischen 100 und 200 μ variiren, zeigen sie hier eine Durchschnittslänge von 300 μ und sind stets mindestens 200 μ lang. Ebenso geht auch das Durchschnittsmaafs der fast stets über 200 μ langen Macramphidiske nicht unerheblich über dasjenige der entsprechenden Nadeln von *Hyalonema apertum* hinaus. Gerade dieser Umstand, dafs bestimmte Nadelformen bei diesen kleineren, also jüngeren Exemplaren stets gröfser sind als bei dem ausgewachsenen *Hyalonema apertum*, hat mich hauptsächlich bestimmt, einen wirklichen Artunterschied anzunehmen. Denn während es zunächst annehmbar erscheint, dafs alle Nadeln bei den gröfseren, ganz ausgewachsenen Stücken einer Art auch gröfser sind als bei den kleineren, jüngeren, so kann das Gegentheil doch unmöglich von vorn herein angenommen werden, und müfste jedenfalls erst sicher nachgewiesen werden, bevor man es als irrelevant bei der Artbestimmung hinstellen dürfte.

Während die Gröfse und Häufigkeit der Mesamphidiske, welche ja überhaupt eine wenig charakteristische Nadelform darstellen, hier aufserordentlich variirt, so dafs man dieselben in manchen Exemplaren sehr reichlich und in grofser Mannigfaltigkeit ausgebildet findet, in anderen dagegen ganz vermifst, kommen Micramphidiske von typischer Gestalt, wenn auch mit bedeutender Gröfsenvariation (von 20–40 μ lang) überall in der Haut verbreitet vor. Von den zwölf zur Species *Hyalonema maehrenthali* gezogenen Stücken sind zwei, nämlich das auf Taf. VIII in Fig. 11 *a* und *b* abgebildete gröfsere und ein etwa 20^{mm} langes, kleineres, bei der Andamanen-Insel North-Sentinel in 457^m Tiefe, die zehn übrigen kleineren Stücke dagegen bei der von jener nicht weit entfernten Andamanen-Insel Ross-Island 485^m tief gefunden.

Schliefslich muſs ich hier noch erwähnen, dafs sich in der Spongienausbeute des Investigators aufser den beschriebenen *Hyalonema*-Arten auch noch vier Basalnadelschöpfe von Hyalonemen befinden, welche eine Länge von 16–30^{cm} haben und deren jeder aus einer gröfseren Anzahl 10–40 schwach spiralig gedrehten und zu je einem lockeren Bündel vereinigten langen Nadeln von verschiedener, bei einigen 1^{mm} erreichender Dicke besteht. Diese Wurzelschöpfe sind nun aber keineswegs ganz nackt oder etwa mit Resten der Weichmasse eines *Hyalonema*-Körpers versehen, sondern sie sind sämmtlich in einer gewissen Ausdehnung umwachsen von einer Spongienmasse, welche in einem Falle Faustgröfse erreicht und äuſserlich an den lockeren Körper eines *Hyalonema* erinnert. In einem anderen Falle ist die Masse des betreffenden Spongienkörpers compact und hat, von einigen kurzen Oscularröhren abgesehen, eine gleichmäfsig glatte Oberfläche. Bei den beiden letzten Stücken erscheint die bekleidende Spongienmasse in Form eines porösen krustenförmigen Überzuges.

Die nähere Untersuchung hat nun ergeben, dafs das lockere faustgrofse Stück einer noch nicht beschriebenen Art der Monaxonier-Gattung Gellius angehört. Auch die beiden krustenförmigen, porösen Überzüge rühren von einer Gellius-Art her.

Die compacte, aus zwei hinter einander folgenden, spindelförmigen Massen von 3 bez. 9^{cm} Länge und 1 bez. 3^{cm} Dicke bestehende Umkleidung wird dagegen von einer *Suberites*-Art gebildet. Dieses letztere Stück stammt von den Laccadiven, lat. N. 11° 12′ 47″, long. O. 74° 25′5, aus 1830^m Tiefe. Das mit dem grofsen, lockeren Gellius umkleidete Schopfstück wurde gefunden südwestlich von der Nord-Sentinel-Insel der Andamanen in einer Tiefe von 268–458^m.

Von den beiden anderen mit Gellius incrustirten Stücken ist das eine bei den Andamanen in einer Tiefe von 238–457^m, das andere westlich von den Andamanen 435–530^m tief gefunden.

Semperella cucumis nov. spec.

Zu meiner grofsen Freude haben sich unter den Spongien des Investigator auch drei zur Hyalonematiden-Gattung *Semperella* gehörige Stücke vorgefunden. Das eine derselben ist ein wohl ausgebildetes und recht gut erhaltenes Exemplar von fast 40^{cm} Länge und 8^{cm} gröfster Dicke. Das andere, welches nur etwa 12^{cm} lang und 2^{cm} dick ist, gehört zu einem jugendlichen Thiere, scheint jedoch nicht in ganzer Länge erhalten zu sein. Es ist stark abgerieben und so erheblich macerirt, dafs fast nur das Stützgerüst der Macrosclere, von dem Weichkörper dagegen nur hier und da ein kleines Fragment erhalten ist.

Das dritte Stück besteht aus einem ausgerissenen Wurzelschopfe mit anhängendem, etwa hühnereigrofsem Bruchstück des untersten Weichkörperendes. Es stammt, wie die bedeutenden Dimensionen des über 5^{cm} breiten und mindestens 20^{cm} lang frei vorragenden, kräftigen Wurzelnadelschopfes beweisen, von einem grofsen älteren Schwamme.

Der Beschreibung werde ich zunächst das am besten erhaltene erwachsene Stück zu Grunde legen, welches zweifellos einer bisher noch nicht bekannten Art dieser bisher auf der einzigen Species, *Semperella schultzei* Semper, basirenden Gattung angehört.

Die Gestalt dieses stattlichen Schwammes kann im Allgemeinen als gurkenförmig bezeichnet werden, was zu der von mir gewählten Speciesbezeichnung »*cucumis*« Veranlassung gegeben hat. Im Gegensatze zu der bekannten, von den Philippinen und Molukken herstammenden, keulenförmigen und mit mehreren seitlich vorspringenden Längskanten versehenen *Semperella schultzei* Semper, welche die gleiche Gröfse erreichen kann, läuft hier das obere Ende des spindelförmigen und (von einer leicht S-förmigen Biegung abgesehen) ziemlich drehrunden Körpers in eine schwach abgestutzte, etwas zerfaserte Spitze aus, welche sowohl einer gröfseren einfachen Oscularöffnung, als auch einer Siebplatte entbehrt. Das untere Ende des Weichkörpers endet dagegen, ähnlich wie bei der genannten, längst bekannten anderen Art mit breiter querer Abstutzung, von welcher dann als directe Fortsetzung der ziemlich gleich breite Wurzelfaserschopf abgeht (Taf. IX Fig. 1).

Von besonderer Wichtigkeit für die Unterscheidung der beiden Arten ist das Verhältnifs der durch ein engmaschiges quadratisches Hautgitternetz ausgezeichneten Einströmungsbezirke zu den durch eine Siebdecke mit weiten unregelmäfsigen Maschen markirten Ausströmungsöffnungen. Während die letzteren bei *Semperella schultzei* den longitudinalen Seitenkanten entsprechen, treten sie hier als Systeme rundlicher Kanalöffnungen auf, welche theils in unregelmäfsigen Querreihen oder niedrigen Spiralzügen neben einander liegen, theils ohne eine bestimmte Ordnung unregelmäfsig vertheilt stehen (Taf. IX Fig. 1).

Übrigens wird hier ebenso wie bei *Semperella schultzei* der ganze Schwammkörper aus einem complicirten Röhrengerüste gebildet, dessen Wand das überall zusammenhängende, einführende Kanalsystem vollständig von dem in sich ebenfalls communicirenden, ableitenden Gangsysteme trennt. Der kreisförmige oder doch rundliche Querschnitt dieser Kanäle wechselt in der Weite von 5–10^{mm}. Ebenso variirt die Dicke der durch zahlreiche Züge kräftiger Macrosclere gestützten trennenden Wand von 0^{mm},5 bis zu 2^{mm}.

Die Nadeln des in einer Länge von 10^{cm} erhaltenen Basalschopfes treten in zahlreichen, von einander durch 5–10^{mm} breite Lücken getrennten einzelnen Büscheln von 2–5^{mm} Dicke aus der quer abgestutzten, unteren Endfläche des Weichkörpers hervor, legen sich dann zur Bildung eines mehr gleichmäfsig geordneten Bündels an einander und dringen schliefslich schwach divergirend in den schlammigen Boden ein.

Studirt man die Figuration des von den Macrosclere gebildeten Stützgerüstes, so zeigt es sich, dafs ein locker zusammenhängendes System von strangförmigen (bis zu 2^{mm} dicken) Nadelbündeln die oben beschriebene Grenzwandung des ein- und ausführenden Kanalsystemes in einigermafsen regelmäfsiger Anordnung durchsetzt. Während nämlich in dem ganzen axialen Theile des Körpers bis auf 1^{cm} Entfernung von der seitlichen Oberfläche die Stränge der Macrosclere fast ausschliefslich longitudinal gerichtet sind und nur hier und da durch schräge Verbindungsbalken anastomosiren, so findet man in dem äufseren Rindentheile vorwiegend radiär gerichtete, hier und da seitlich anastomosirende Stränge, welche innen in die longitudinalen umbiegen und sich mit diesen verflechten. Nach dem oberen verjüngten Ende des Schwammes zu gehen diese transversal-radiär gerichteten Nadelbündel der Rindenschicht allmählich mehr und mehr in die longitudinale Richtung über, bis sie schliefslich am

Endtheile selbst rein longitudinal gerichtet sind und als eine directe Fortsetzung der axialen Longitudinalstränge erscheinen.

Untersucht man dies grobe Balkengerüst auf seine Bestandtheile, so zeigt es sich, dafs dasselbe, ähnlich wie bei *Semperella schultzei*, zum gröfsten Theile aus zahlreichen Oxypentactinen mit zwei sich gegenüber stehenden, sehr langen, zwei rechtwinkelig dazu liegenden minder lang ausgezogenen Strahlen und einem ziemlich kurzen fünften Strahle besteht, dessen Antagonist entweder ganz fehlt oder nur durch einen kleinen Höcker vertreten ist. Ausgebildete macrosclere Hexactine sind selten, ebenso reine Diactine. Als Stütze des Hautgitternetzes und der oscularen Siebnetze finden sich am dermalen freien Endrande der septalen Kanalwandung Pentactine, deren einer, zugespitzt auslaufender Strahl in radiärer Stellung sehr verlängert und stark verdickt ist, aber in der Nähe des Kreuzungscentrums eine wieder nicht unerhebliche Verschmälerung aufweist, während die vier anderen im Kreuz gestellten und dicht unter der Hautschicht in einer Ebene entwickelten Strahlen stark verkürzt und am Ende abgerundet erscheinen (Taf. IX Fig. 11 und 3).

Daneben finden sich dann noch zahlreich oxypentactine Hypodermalia gewöhnlicher Art, deren vier gekreuzte Paratangentialstrahlen mehr oder minder lang ausgezogen sind und ebenso wie der gewöhnlich minder lange Radialstrahl einfach zugespitzt (oft auch mit vorausgehender geringer kolbiger Verdickung) enden. Derartige oxypentactine Hypodermalia bilden auch die Stütze und Grundlage der Netzbalken des dermalen und oscularen Siebnetzes, wo die paratangentialen Strahlen sehr lang ausgezogen sind, der radiale Strahl dagegen stark verkürzt ist.

In den die Hautoberfläche erreichenden derben Skeletfaserzügen der Septalwände kommen zahlreiche radiär gerichtete Uncinate gewöhnlicher Art (Taf. IX Fig. 7) vor, welche bis 4^{mm} lang werden und deren Vorderspitze meistens das Niveau der äufseren Haut grade erreicht.

Hier und da finden sich an dem äufseren Grenzrande der Scheidewand zwischen zuführendem und ableitendem Kanalsysteme ähnliche schlanke, gerade Marginalia, wie sie bei einem jungen Exemplare der *Semperella schultzei* von der Challenger Expedition von mir in grofser Menge gefunden und beschrieben sind.[1]

---

[1] Chall. Rep. S.265 (Taf. LII Fig.3).

Diese marginalen Stabnadeln sind mit kleinen Seitenzacken besetzt, laufen am inneren Ende allmählich spitz aus, tragen jedoch an dem frei vorragenden äufseren Ende eine kleine knopfförmige Anschwellung mit vier im Kreuz gestellten spitzen Seitenstacheln (Taf. IX Fig. 10).

Die langen zweizähnigen Ankernadeln des basalen Wurzelschopfes gleichen zwar im Allgemeinen denjenigen von *Semperella schultzei*, wie sie schon von früheren Beobachtern und zuletzt von mir selbst[1] beschrieben wurden, unterscheiden sich aber doch insofern etwas von jenen als der scharfkantige Seitenrand ihrer beiden sich gegenüberstehenden und je eine schmale Schaufel bildenden Ankerzähne hier ausgeprägt **vielzackig** erscheinen und in dem keulenförmig verdickten Mitteltheile des unteren Ankernadelendes eine nach oben convexe Erhebung der Randlinie bilden (Taf. IX Fig. 9), während die entsprechende Zahnrandkante bei *Semperella schultzei* entweder ganz ungezähnt oder nur mit einer oder zwei Einkerbungen versehen ist und in der Mitte der gemeinsamen Randsaumlinie nicht eine Erhebung, sondern im Gegentheil stets eine tiefe Einkerbung zu finden ist.

Von den Microscleren der Haut und der oscularen Siebplatte sind die Pinule überall kräftig und sehr reichlich entwickelt. Ihre Länge wechselt nach der Region recht erheblich, gewöhnlich zwischen 200 und 300 μ. Ebenso variirt die Länge ihrer derben geraden, rechtwinkelig gekreuzten, im distalen Theile höckerigen oder kurzstacheligen Basalstrahlen zwischen 60 und 80 μ. Auf der oscularen Siebplatte finden sich häufig noch bedeutend längere Pinule von 400–450 μ. Die Gesammtform des Hauptstrahles gleicht mit seinen schräg abstehenden kräftigen Dornen im Allgemeinen derjenigen einer italienischen Pappel (Taf. IX Fig. 12 und 13). Der nackte Basaltheil ist durchschnittlich 6–10 μ dick und erreicht nur selten eine Länge von 40 μ. Der Endstachel ist weder besonders lang vorragend noch erheblich verdickt.

Eine Biegung der vier Basalstrahlen dermaler Pinule nach Art des mittleren Theiles einer 8, wie ich sie auf dünnen Hautnetzbalken von *Semperella schultzei* gesehen und im Chall. Rep. Pl. LII Fig. 6 abgebildet habe, ist mir bei *Semperella cucumis* nirgends begegnet.

Grofs und stark sind die zahlreich vorhandenen und besonders oberhalb des Endrandes der Röhrensepten häufigen dermalen und oscularen

---

[1] Chall. Rep. S. 265 und Pl. LI Fig. 14.

Macramphidiske, welche annähernd halbkugelige, jedoch am Ende etwas quer abgestutzte 8strahlige Schirme und einen ziemlich dicken knotigen Axenstab ohne besonders ausgezeichnete centrale Höcker haben (Taf. IX Fig. 4). Die Schirmstrahlen sind schaufelförmig und enden breit abgerundet. Während ausgeprägte Mesamphidiske ganz fehlen, finden sich zahlreiche Micramphidiske von ziemlich übereinstimmendem Baue, aber verschiedener Gröfse, nämlich von 20−40μ Länge und darüber, indessen die Breite der 10−12strahligen halbkugeligen Schirme etwa 6−12μ beträgt. Der schlanke Axenstab erscheint in der Regel leicht höckerig (Taf. IX Fig. 5 und 6).

Als charakteristische Eigenthümlichkeit der das Kammerlager enthaltenden Scheidewände zwischen dem einführenden und ableitenden Kanalsysteme erscheinen zahlreiche dornige Oxypentactine, Oxytetractine (Stauractine) und spindelförmige Diactine.

Die beiden nahezu parallelen Grenzhäute dieser Scheidewand werden in übereinstimmender Weise gestützt hauptsächlich durch Oxypentactine, deren mit kleinen, querabstehenden Stacheln besetzte, rechtwinkelig gekreuzte vier Tangentialstrahlen von ihrer 8−12μ dicken Basis an bis zu dem spitzen äufseren Ende ganz allmählich sich verschmälern (Taf. IX Fig. 8) und (in der Regel untereinander gleich lang) in ihrer Länge beträchtlich, nämlich von 100−200μ, variiren.

Noch viel erheblicher variirt indessen die Länge des zu diesem tangentialen Kreuze rechtwinkelig nach innen vorragenden fünften, ebenfalls dornigen Strahles, welcher zwar oft genug den vier anderen an Länge und Gestalt gleicht, gewöhnlich aber bedeutend kürzer ist und gar nicht selten bis zu einem einfachen, mit abgesetzter Endspitze versehenen zackigen Höcker zurückgeht. Durch vollständiges Schwinden dieses fünften Strahles kann man sich dann die ebenfalls sehr reichlich vorhandenen und in Bau und Gröfse den eben beschriebenen Oxypentactinen gleichenden Stauractine entstanden denken, welche in gleichem Niveau, aber ganz unregelmäfsiger Vertheilung, zwischen jenen vorkommen.

Hin und wieder tritt auch eine erhebliche Verkürzung eines der vier gekreuzten tangentialen Strahlen mit knopfförmiger Umbildung des Endes, seltener eine Atrophie von zwei sich gegenüberstehenden Strahlen des tangentialen Kreuzes ein. Auch habe ich gelegentlich einfach keulenförmige Nadeln dieser Art gefunden, bei welchen aufser dem kugelig verdickten Centralknoten nur noch ein einziger Strahl erhalten war.

Als eine eigenthümliche und in allen Theilen des Weichkörpers sehr verbreitete Nadelform mufs ich schliefslich noch die einfachen geraden (spindelförmigen) Oxydiactine besprechen, welche zwar nicht überall gleich häufig, aber kaum irgendwo ganz vermifst, jedenfalls in Menge in dem äufseren Hautnetze sowie in den Grenzmembranen der Scheidewand zwischen ein- und ausleitendem Kanalsysteme zu finden sind. Während ihr annähernd cylindrischer oder schwach spindelförmig verdickter Mitteltheil fast stets ganz glatt (im Gegensatze zu den ganz bedornten Amphioxen von *Semperella schultzei*) ist, zeigen die beiden konisch zugespitzten Enden kleine schräge auswärts gerichtete Dornen oder Rauhigkeiten (Taf. IX Fig. 14-16). Die Länge dieser Spindelnadeln schwankt zwischen 80 und 160μ.

Das etwas macerirte zweite Exemplar von nur 12^{cm} Länge gleicht im Allgemeinen sowohl hinsichtlich der äufseren Form und dem macroscopischen Aufbaue als auch in der Anordnung, Gestalt und Gröfse der einzelnen Nadeln so sehr dem soeben beschriebenen, dafs ich es als ein junges Stück derselben Species ansehe, wenngleich einige Abweichungen zu erwähnen sind.

Abgesehen von den durchschnittlich viel geringeren Dimensionen der Macrosclere nämlich, deren Maafse ja überall bei den Hexactinelliden mit dem Alter zunehmen, ist mir aufgefallen, dafs die kleinen parenchymalen Amphioxe nicht nur an den Enden, sondern häufig auch in der Mitte mit kleinen Dornen besetzt sind und dafs gar nicht selten das eine Ende etwas schmächtiger und weniger dornig erscheint als das andere. Wichtiger als diese immerhin recht geringfügige Abweichung könnte der Umstand erscheinen, dafs hier neben den Macramphidisken und Micramphidisken auch gar nicht selten Mesamphidiske zu finden sind, welche, 80-100μ lang, zwar im Ganzen den Macramphidisken gleichen und wie jene acht schaufelförmige Schirmzinken und einen knotigen oder höckerigen Axenstab besitzen, jedoch eine etwas mehr gleichmäfsig halbkugelig gebogene Schirmwandfläche aufweisen als jene und den auf Taf. I in Fig. 13 und 14 abgebildeten Formen gleichen.

Trotzdem von dem dritten Exemplare dieser Art nur ein verhältnifsmäfsig unbedeutendes Bruchstück vorhanden ist, läfst sich doch die specifische Übereinstimmung desselben mit den beiden anderen sicher feststellen. Denn abgesehen davon, dafs der noch erhaltene Theil des Wurzelschopfes mit dem anhaftenden Weichkörper sowohl in der äufseren Erscheinung als auch im Bau völlig mit den entsprechenden Theilen der oben beschriebenen beiden Stücke und speciell des ausgewachsenen grofsen übereinstimmt, so lassen sich auch sämmtliche charakteristische macrosclere und microsclere Nadelformen in gleicher Gröfse und Gestalt wie dort nachweisen. Ja, es gelang sogar, hier die bei dem gut erhaltenen älteren Exemplare vermifsten Mesamphidiske, wenngleich vereinzelt, so doch in der nämlichen Form und Gröfse aufzufinden, wie sie in dem jungen, 12^{cm} langen Exemplare vorkommen (Taf. I Fig. 13 und 14).

Sowohl das wohl erhaltene gröfsere als auch das etwas macerirte kleinere (junge) Exemplar von *Semperella cucumis* sind an derselben Station, westlich von den Andamanen, in 435—530^m Tiefe, erbeutet. Auch das soeben erwähnte Bruchstück stammt aus der Nähe der Andamanen, lat. N. 11°25'5", long. O. 92°47'6", und zwar aus einer Tiefe von 740 Faden.

Durch die mitgetheilten neuen Thatsachen und die nicht unerhebliche Vermehrung der bekannten Arten wird die Aufstellung einer neuen Bestimmungstabelle der Hyalonematiden erforderlich, welche ich hier folgen lasse:

I. Tabelle zur Bestimmung der Gattungen.

	Körper kelchförmig, mit einer rundlichen Oscularöffnung, welche durch eine Siebplatte gedeckt sein kann . . .	1.
	Körper gestreckt, kolben- oder gurkenförmig, mit einem anastomosirenden, gleich-weiten, ableitenden Kanalsysteme, welches durch zahlreiche isolirte oder zu Zonen verbundene und mit Siebnetz gedeckte Oscularöffnungen ausmündet	*Semperella* J. E. Gray.
1.	Der den Schwammkörper an Länge bedeutend übertreffende basale Wurzelnadelschopf ist schmal und enthält 4- oder 8-zähnige Ankernadeln, welche sich am oberen Ende zu einem Centralconus zusammenlegen	*Hyalonema* J. E. Gray.
	Der den Körper an Länge nicht übertreffende basale Wurzelnadelschopf ist breit und enthält 2-zähnige Ankernadeln, welche sich oben nicht zu einem Centralconus zusammenlegen	*Pheronema* Leidy.

II. Tabelle zur Bestimmung der Arten.

Pheronema Leidy.

1.	Die Zähne der 2-zähnigen Wurzelschopfankernadeln	stehen fast rechtwinkelig vom Schafte ab und sind nur am äußersten Ende etwas aufgebogen	1.
		sind deutlich und gleichmäßig vom Ursprunge an zurückgebogen .	2.
1.	Im Parenchyme finden sich zahlreiche	ganz glatte spindelförmige Amphioxe von 100—150 μ Länge, deren stärkste, 4—6 μ dicke Anschwellung nicht im Centrum, sondern dem einen Ende etwas mehr genähert liegt	*Ph. gigas* F. E. Sch.
		sehr dünne, schwach rauhe Amphioxe von 60—80 μ Länge . .	*Ph. amadou* Wyv. Th.
2.	Der Schwammkörper hat einen	tiefen, cylindrischen Gastralraum .	3.
		schwach vertieften, höchstens halbkugeligen, zuweilen sogar nur flach dellenförmigen Gastralraum	5.
3.	Die Form des Schwammkörpers ist	nach oben allmählich verschmälert	*Ph. annae* Leidy.
		ellipsoid	4.
4.	Die parenchymalen Micro-Oxyhexactine sind	glatt oder nur ganz schwach rauh	*Ph. carpenteri* Wyv. Th.
		mit deutlichen Dornen oder Stacheln besetzt	*Ph. giganteum* F. E. Sch.
5.	Der Schwammkörper ist unten	konisch verjüngt. Gastralfläche nur flach dellenförmig vertieft. Ankerzähne der Wurzelschopfnadeln stark zurückgebogen	6.
		abgeflacht oder halbkugelig gerundet	7.
6.	Die parenchymalen Micro-Oxyhexactine haben	schwach gebogene, ganz glatte Strahlen. Die Marginalia sind lang und stark	*Ph. circumpalatum* nov. spec.
		gerade, schwach rauhe Strahlen. Die Marginalia sind kurz und schwach	*Ph. raphanus* nov. spec.
7.	Der Schwammkörper ist unten	abgeflacht, buchfinkennestähnlich. Die Ankerzähne der Wurzelschopfnadeln sind stark zurückgebogen	*Ph. grayi* Sav. Kent.

Hexactinelliden des indischen Oceanes. 53

7.	Der Schwammkörper ist unten	halbkugelig gerundet. Das untere Ankerende der Wurzelschopfnadeln ist kreisbogenförmig gerundet	8.
8.	Im Parenchyme	finden sich Micro-Oxyhexactine mit dünnen, querabstehenden Stacheln. Ein Finger breit unterhalb des Randsaumes ragt ein manschettenförmiger Ringkragen von Prostalia lateralia hervor	*Ph. hemisphaericum* Gray.
		fehlen Micro-Oxyhexactine gänzlich. Ein Ringkragen fehlt ebenfalls	*Ph. globosum* F. E. Sch.

Hyalonema J. E. Gray.

	Parenchymale Micro-Oxyhexactine von 100 bis 200 μ Durchmesser	sind zahlreich vorhanden	1.
		kommen nur selten oder gar nicht vor	26.
1.	Die Strahlen der parenchymalen Micro-Oxyhexactine sind	gerade (oder nur sehr schwach gebogen)	2.
		deutlich gebogen	15.
2.	Die Strahlen der parenchymalen Micro-Oxyhexactine sind	glatt (oder nur sehr schwach rauh)	3.
		stachelig oder deutlich höckerig	8.
3.	Aus der Seitenfläche des Schwammkörpers ragen	lange starke Amphioxe in nahezu radiärer Richtung frei hervor	*H. aculeatum* nov. spec.
		keine Nadeln frei hervor	4.
4.	Die dermalen Macramphidiske sind	gracil und so schlank, dafs die Schirmbreite nur ¼–⅕ der Länge des ganzen Amphidiskes beträgt. Die dermalen Pinule haben Cypressenform	*H. cupressiferum* F. E. Sch.
		derb und so breit, dafs die Schirmbreite ⅓–½ der Länge des ganzen Amphidiskes beträgt	5.
5.	Die Basalstrahlen der dermalen Pinule sind	nur 25–30 μ lang. Der Hauptstrahl der gastralen Pinule ist stark und spindelförmig verdickt	*H. clavigerum* F. E. Sch.
		sind 35–50 μ lang	6.
6.	Die beiden Endschirme der dermalen Macramphidiske	erreichen sich fast oder ganz	*H. fruticosum* F. E. Sch.
		bleiben entfernt von einander	7.

7.	Die Form des Schwammkörpers ist	kugelig	*H. globus* F. E. Sch.	
		rübenförmig, nach unten verjüngt	*H. heideri* nov. spec.	
8.	Die Strahlen der parenchymalen Micro-Oxyhexactine tragen	am distalen Theile ziemlich lange gekrümmte Dornen	*H. cebuense* Higgin.	
		in ganzer Länge kleine Stacheln oder Höcker	9.	
9.	Die Schirmlänge der dermalen Macramphidiske beträgt	nur $1/5$–$1/6$ der ganzen Amphidisken-Länge. Die Schirme selbst sind breit und flach	10.	
		$1/3$–$1/4$ der ganzen Amphidisken-Länge. Die Schirme selbst sind glockenförmig oder halbkugelig	11.	
10.	Die Schirmstrahlen der dermalen Macramphidiske sind	schmal, ohne erhebliche Schaufelplatte. Aus dem oberen Ende des Schwammkörpers ragt der Centralconus frei hervor . . .	*H. thomsoni* W. Marsh.	
		breit, mit starken Schaufelplatten. Der Schwammkörper hat Kegelform mit unterer Spitze . . .		
11.	Die dermalen Pinule sind	nur etwa 150μ lang und haben kurze Basalstrahlen. Das obere Ende des ziemlich buschigen Hauptstrahles läuft in einen kräftigen Centralconus aus . .	*H. weltneri* F. E. Sch.	
		durchschnittlich über 200μ lang und haben Basalstrahlen von 40μ und mehr Länge	12.	
12.	Der Schwammkörper ist	kegelförmig mit unterer Spitze. Die dermalen Macramphidiske sind 400–500μ lang	*H. poculum* F. E. Sch.	
		birn- oder kelchförmig. Die dermalen Macramphidiske sind 100 bis 250μ lang	13.	
13.	Der Schwammkörper ist	kelchförmig, mit quer abgestutzter breiter Oscularfläche und einer ziemlich flach ausgespannten oscularen Siebmembran. Die dermalen Pinule mäfsig stark bedornt	*H. indicum* nov. spec.	
		birnförmig, mit verschmälertem unteren und auch oberen Ende. Die dermalen Pinule haben nur sehr kurze schwache Dornen .	14.	

Hexactinelliden des indischen Oceanes. 55

14.	Der Hauptstrahl der dermalen Pinule ist	mäfsig stark	*H. pirum* nov. spec.	
		sehr dünn	*H. heymonsi* nov. spec.	
15.	Die gebogenen Strahlen der parenchymalen Micro-Oxyhexactine sind	glatt oder nur sehr schwach rauh	16.	
		deutlich höckerig oder stachelig .	24.	
16.	Neben den Micramphidisken kommen	zahlreiche Paradiske vor .	*H. alcocki* nov. spec.	
		keine Paradiske vor	17.	
17.	Die Schirme der dermalen Macramphidiske sind	tief glockenförmig, mit langen, schmalen Schirmstrahlen	18.	
		halbkugelig mit breiten Schaufelstrahlen	19.	
18.	Die Schirmstrahlen der Macramphidiske	stehen nahezu parallel. Die dermalen Pinule sind etwa 300 μ lang	*H. lusitanicum* Barb. du Boc.	
		divergiren. Die dermalen Pinule sind etwa 800 μ lang	*H. divergens* F. E. Sch.	
19.	Die Schirmbreite der dermalen Macramphidiske	übertrifft die Hälfte der ganzen Amphidiskenlänge. Die Schirme erreichen sich in der Mitte, und ihre Strahlen enden breit abgerundet	20.	
		erreicht nicht die Hälfte der Länge der ganzen Amphidiske. Die Schirme erreichen sich nicht in der Mitte, und ihre Strahlen enden mehr oder weniger zugespitzt .	21.	
20.	Die dermalen Pinule sind	300–400 μ lang und ziemlich buschig	*H. robustum* F. E. Sch.	
		600–800 μ lang und schmächtig .	*H. tenerum* F. E. Sch.	
21.	Die dermalen Macramphidiske sind	etwa 300 μ lang und 100–140 μ breit	22.	
		etwa 100 μ lang und nur etwa 40 μ breit	23.	
22.	Die dermalen Pinule sind	etwa 300 μ lang	*H. kenti* O. Schm.	
		nur 150–200 μ lang . . .	*H. masoni* nov. spec.	
23.	Die dermalen Pinule sind	nur etwa 150 μ lang	*H. gracile* F. E. Sch.	
		400 μ und darüber lang	*H. elegans* F. E. Sch.	
24.	Der Schwammkörper ist	stark verkürzt, breit und kuchenförmig	*H. depressum* F. E. Sch.	
		länglich, birn- oder kelchförmig .	25.	

25.	Die dermalen Pinule sind	nur etwa 150 μ lang	*H. apertum* F. E. Sch.
		etwa 250—300 μ lang	*H. maehrenthali* nov. spec.
26.	Neben den Micramphi-disken	kommen auch Paradiske vor . .	*H. investigatoris* nov. spec.
		kommen keine Paradiske vor . .	27.
27.	Parenchymale Ambuncinate von etwa 500 μ Länge und mit einer centralen, knotenförmigen Verdickung	sind zahlreich vorhanden . . .	*H. sieboldi* J. E. Gray.
		fehlen	28.
28.	Parenchymale Monactine von 100—150 μ Länge	sind vorhanden	*H. acuferum* F. E. Sch.
		fehlen	*H. toxeres* Wyv. Th.

Erklärung der Figuren auf Tafel I—IX.

Tafel I.

Fig. 1. Seitenansicht eines *Pheronema raphanus* n. sp. von den Andamanen, in natürlicher Größe. Nach einer von Hrn. Dr. von Mährenthal angefertigten Photographie.

Fig. 2. Dasselbe (in Fig. 1 dargestellte) Exemplar in der Ansicht von oben. Natürliche Größe. Nach einer von Hrn. Dr. von Mährenthal angefertigten Photographie.

Fig. 3. Macramphidisk der Haut. Vergr. $\frac{300}{1}$.

Fig. 4, 5 und 6. Micramphidiske der Haut. Vergr. $\frac{300}{1}$.

Fig. 7. Grofses Pinul der äufseren Haut. Vergr. $\frac{300}{1}$.

Fig. 8. Niedriges Pinul der äufseren Haut. Vergr. $\frac{300}{1}$.

Fig. 9. Micro-Uncinat des Parenchymes. Vergr. $\frac{200}{1}$.

Fig. 10. Bruchstück aus dem mittleren Theile eines Uncinates. Vergr. $\frac{400}{1}$.

Fig. 11. Micro-Oxyhexactin aus dem Parenchyme. Vergr. $\frac{300}{1}$.

Fig. 12. Unteres Ankerende. Vergr. $\frac{300}{1}$.

Fig. 13—23. Nadeln aus dem Bruchstück des Basaltheiles einer *Semperella cucumis*, welches bei den Andamanen in einer Tiefe von 740ᵐ erbeutet ist.

Fig. 13 und 14. Mesamphidiske. Vergr. $\frac{300}{1}$.

Fig. 15—17. Micramphidiske. Vergr. $\frac{300}{1}$.

Fig. 18. Dermales Pinul. Vergr. $\frac{300}{1}$.

Fig. 19. Unteres Ende eines Uncinat. Vergr. $\frac{300}{1}$.

Fig. 20. Parenchymales Amphiox. Vergr. $\frac{300}{1}$.

Fig. 21. Micro-Oxyhexactin. Vergr. $\frac{300}{1}$.

Fig. 22. Micro-Pentactin. Vergr. $\frac{300}{1}$.

Fig. 23. Unteres Ende einer Ankernadel. Vergr. $\frac{300}{1}$.

Tafel II.

Sämmtliche Figuren beziehen sich auf *Pheronema circumpalatum* nov. spec.

Fig. 1. Das einzige vorhandene Exemplar in natürlicher Größe.

Fig. 2. Oberes Ende einer Ankernadel des basalen Wurzelschopfes. Vergr. $\frac{300}{1}$.

Fig. 3. Micro-Uncinat. Vergr. $\frac{300}{1}$.

Fig. 4. Unteres Ende einer Ankernadel. Vergr. $\frac{300}{1}$.

Hexactinelliden des indischen Oceanes.

Fig. 5. Dermales Pinul in seitlicher Ansicht. Vergr. $\frac{300}{1}$.
Fig. 6. Pinul von der oscularen Siebmembran. Vergr. $\frac{300}{1}$.
Fig. 7. Dermales Pinul in der Ansicht von oben. Vergr. $\frac{300}{1}$.
Fig. 8. Mittlerer Theil eines Uncinat. Vergr. $\frac{300}{1}$.
Fig. 9 und 10. Micro-Oxyhexactine. Vergr. $\frac{300}{1}$.
Fig. 11. Uncinat. Vergr. $\frac{100}{1}$.
Fig. 12. Unteres Ende einer 4-zähnigen Ankernadel. Vergr. $\frac{200}{1}$.
Fig. 13 und 15. Micramphidiske. Vergr. $\frac{300}{1}$.
Fig. 14. Macramphidisk. Vergr. $\frac{500}{1}$.
Fig. 16. Bruchstück eines amphioxen Marginales. Ein Theil der äufsersten Deckschicht ist abgeblättert. Vergr. $\frac{300}{1}$.

Tafel III.

Fig. 1—14. *Hyalonema aculeatum* nov. spec.
Fig. 1—4. Vier Exemplare verschiedener Gröfse in seitlicher Ansicht. Natürliche Gröfse.
Fig. 5. Anordnung der Nadeln in einem senkrecht zur Haut geführten Schnitte. Vergr. $\frac{50}{1}$. Combinationsbild.
Fig. 6 und 7. Dermale Pinule. Vergr. $\frac{300}{1}$.
Fig. 8. Micro-Oxyhexactin. Vergr. $\frac{300}{1}$.
Fig. 9. Macramphidisk. Vergr. $\frac{300}{1}$.
Fig. 10, 11 und 12. Micramphidiske. Vergr. $\frac{200}{1}$.
Fig. 13. Ambuncinat. Vergr. $\frac{200}{1}$.
Fig. 14. Unteres Ende einer Ankernadel. Vergr. $\frac{300}{1}$.

Fig. 15—22. *Hyalonema heideri* nov. spec.
Fig. 15. Einziges gefundenes Stück in natürlicher Gröfse.
Fig. 16. Anordnung der Nadeln in einem senkrecht zur Haut geführten Schnitte. Vergr. $\frac{50}{1}$. Combinationsbild.
Fig. 17. Micro-Oxyhexactin. Vergr. $\frac{300}{1}$.
Fig. 18 und 19. Dermale Pinule. Vergr. $\frac{300}{1}$.

Fig. 20. Macramphidisk. Vergr. $\frac{300}{1}$.
Fig. 21. Mesamphidisk. Vergr. $\frac{300}{1}$.
Fig. 22. Ambuncinat. Vergr. $\frac{300}{1}$.

Fig. 23—30. *Hyalonema pirum* nov. spec.
Fig. 23—25. Drei Exemplare verschiedener Gröfse in seitlicher Ansicht. Natürliche Gröfse.
Fig. 26. Anordnung der Nadeln in einem senkrecht zur Haut geführten Schnitte. Vergr. $\frac{50}{1}$. Combinationsbild.
Fig. 27. Micro-Oxyhexactin. Vergr. $\frac{300}{1}$.
Fig. 28. Dermales Pinul. Vergr. $\frac{300}{1}$.
Fig. 29. Macramphidisk. Vergr. $\frac{300}{1}$.
Fig. 30. Micramphidisk. Vergr. $\frac{300}{1}$.

Tafel IV.

Fig. 1—13. *Hyalonema indicum laccadivense* nov. spec.
Fig. 1. Einziges Exemplar in natürlicher Gröfse.
Fig. 2. Anordnung der Nadeln in einem senkrecht zur Haut geführten Schnitte. Vergr. $\frac{66}{1}$.
Fig. 3. Dermales Macramphidisk. Vergr. $\frac{300}{1}$.
Fig. 4 und 5. Kanalare Mesamphidiske. Vergr. $\frac{300}{1}$.
Fig. 6 und 7. Dermale Micramphidiske. Vergr. $\frac{300}{1}$.
Fig. 8. Schirm eines Macramphidiskes in der Ansicht von innen. Vergr. $\frac{300}{1}$.
Fig. 9. Dermales Pinul. Vergr. $\frac{300}{1}$.
Fig. 10. Pinul von der oscularen Siebmembran. Vergr. $\frac{300}{1}$.
Fig. 11. Micro-Oxystauractin aus der Kanalwand. Vergr. $\frac{300}{1}$.
Fig. 12. Parenchymales Micro-Oxyhexactin. Vergr. $\frac{300}{1}$.
Fig. 13. Micro-Oxypentactin aus der Kanalwand. Vergr. $\frac{300}{1}$.

Fig. 14—18. *Hyalonema heymonsi* nov. spec.
Fig. 14. Einziges Exemplar in natürlicher Gröfse.

Fig. 15. Anordnung der Nadeln eines senkrecht zur Haut geführten Schnittes. Vergr. $\frac{50}{1}$. Combinationsbild.
Fig. 16. Dermales Macramphidisk. Vergr. $\frac{300}{1}$.
Fig. 17. Micro-Oxyhexactin. Vergr. $\frac{300}{1}$.
Fig. 18. Dermales Pinul. Vergr. $\frac{100}{1}$.

Tafel V.

Fig. 1—14. *Hyalonema indicum andamanense* nov. spec.

Fig. 1. Körper des einzigen, ziemlich stark zusammengedrückten Exemplares in natürlicher Gröfse.
Fig. 2. Anordnung der Nadeln eines senkrecht zur Haut geführten Schnittes. Vergr. $\frac{60}{1}$. Combinationsbild.
Fig. 3 und 4. Dermale Macramphidiske. Vergr. $\frac{300}{1}$.
Fig. 5. Mesamphidisk. Vergr. $\frac{300}{1}$.
Fig. 6—9. Micramphidiske verschiedener Gröfse. Vergr. $\frac{300}{1}$.
Fig. 10 und 11. Micro-Oxystauractine. Vergr. $\frac{300}{1}$.
Fig. 12. Micro-Oxyhexactin. Vergr. $\frac{300}{1}$.
Fig. 13. Pinul von der oscularen Siebmembran. Vergr. $\frac{300}{1}$.
Fig. 14. Pinul der äufseren Haut. Vergr. $\frac{300}{1}$.

Fig. 15—24. *Hyalonema weltneri* nov. spec.

Fig. 15. Einziges Exemplar in natürlicher Gröfse.
Fig. 16. Anordnung der Nadeln eines senkrecht zur Haut geführten Schnittes. Vergr. $\frac{60}{1}$. Combinationsbild.
Fig. 17. Dermales Macramphidisk. Vergr. $\frac{300}{1}$.
Fig. 18. Mesamphidisk. Vergr. $\frac{300}{1}$.
Fig. 19 und 20. Micramphidiske. Vergr. $\frac{300}{1}$.
Fig. 21. Unteres Ende einer Ankernadel des basalen Wurzelschopfes. Vergr. $\frac{200}{1}$.
Fig. 22. Parenchymales Micro-Oxyhexactin. Vergr. $\frac{300}{1}$.
Fig. 23. Stacheliges parenchymales Micro-Oxyhexactin. Vergr. $\frac{300}{1}$.
Fig. 24. Dermales Pinul. Vergr. $\frac{300}{1}$.

Tafel VI.

Hyalonema masoni nov. spec.

Fig. 1. Einziges Exemplar von *Hyalonema masoni* in natürlicher Gröfse.
Fig. 2. Anordnung der Nadeln eines senkrecht zur Haut durch den Kelchrand geführten Schnittes. Vergr. $\frac{60}{1}$. Combinationsbild.
Fig. 3. Anordnung der Nadeln eines senkrecht zur Haut geführten Schnittes bei zweihundertfacher Vergröfserung. Combinationsbild.
Fig. 4. Pinul-ähnliche Marginalnadel. Vergr. $\frac{200}{1}$.
Fig. 5 und 6. Parenchymale Micro-Oxyhexactine. Vergr. $\frac{400}{1}$.
Fig. 7. Mesamphidisk. Vergr. $\frac{300}{1}$.
Fig. 8 und 9. Dermales Macramphidisk. Vergr. $\frac{300}{1}$.
Fig. 10. Dermales Macramphidisk. Vergr. $\frac{300}{1}$.
Fig. 11. Parenchymales Micro-Oxyhexactin. Vergr. $\frac{300}{1}$.

Tafel VII.

Fig. 1—8. *Hyalonema alcocki* nov. spec.

Fig. 1. Einziges Exemplar in natürlicher Gröfse.
Fig. 2. Anordnung der Nadeln eines senkrecht zur Haut geführten Schnittes. Vergr. $\frac{60}{1}$. Combinationsbild.
Fig. 3. Dermales Macramphidisk. Vergr. $\frac{300}{1}$.
Fig. 4. Micramphidisk. Vergr. $\frac{400}{1}$.
Fig. 4a und 4b. Paradiske. Vergr. $\frac{600}{1}$.
Fig. 5. Mesamphidisk. Vergr. $\frac{400}{1}$.
Fig. 6. Parenchymales Micro-Oxyhexatin. Vergr. $\frac{500}{1}$.
Fig. 7. Dermales Pinul. Vergr. $\frac{300}{1}$.
Fig. 8. Marginalnadel. Vergr. $\frac{300}{1}$.

Fig. 9–17. *Hyalonema investigatoris* nov. spec.
Fig. 9. Einziges stark zusammengeprefstes Exemplar in natürlicher Gröfse.
Fig. 10. Anordnung der Nadeln eines senkrecht zur Haut geführten Schnittes. Vergr. $\frac{40}{1}$. Combinationsbild.
Fig. 11. Paradisk mit zackenlosen Schirmen. Vergr. $\frac{1000}{1}$.
Fig. 12. Paradisk mit zackentragenden Schirmen. Vergr. $\frac{1000}{2}$.
Fig. 13. Endschirm eines Paradiskes von innen gesehen. Vergr. $\frac{1200}{1}$.
Fig. 14. Endschirm eines Paradiskes von aufsen gesehen. Vergr. $\frac{1200}{1}$.
Fig. 15 und 16. Paradiske. Vergr. $\frac{1000}{1}$.
Fig. 17. Dermales Pinul. Vergr. $\frac{100}{1}$.

Tafel VIII.

Fig. 1–6. *Hyalonema apertum* F. E. Sch.
Fig. 1. Körper des Schwammes nach einer von Hrn. Dr. von Maehrenthal angefertigten Photographie in natürlicher Gröfse.
Fig. 1a. Der zu dem Schwammkörper (Fig. 1) gehörige abgebrochene Wurzelfaserschopf in natürlicher Gröfse.
Fig. 2. Parenchymales Micro-Oxyhexactin. Vergr. $\frac{300}{1}$.
Fig. 3. Parenchymales Micro-Oxyhexactin. Vergr. $\frac{300}{1}$.
Fig. 4 und 5. Dermale Pinule. Vergr. $\frac{300}{1}$.
Fig. 6. Dermales Macramphidisk. Vergr. $\frac{300}{1}$.

Fig. 7–11. *Hyalonema maehrenthali* nov. spec.
Fig. 7. Kleines Exemplar in Seitenansicht. Natürliche Gröfse.

Fig. 7a. Dasselbe Stück (Fig. 7) in der Ansicht von oben. Natürliche Gröfse.
Fig. 8, 9 und 10. Drei verschiedene Exemplare. Natürliche Gröfse.
Fig. 11. Gröfstes Exemplar in Seitenansicht. Natürliche Gröfse.
Fig. 11a. Ansicht desselben Stückes (Fig. 11) in der Ansicht von oben. Natürliche Gröfse.
Fig. 11b. Micro-Oxyhexactin. Vergr. $\frac{300}{1}$.
Fig. 11c. Dermales Pinul. Vergr. $\frac{300}{1}$.
Fig. 11d. Dermales Macramphidisk. Vergr. $\frac{300}{1}$.

Tafel IX.

Semperella cucumis nov. spec.
Fig. 1. Grofses Exemplar in halber Gröfse, nach einer von Hrn. Dr. von Maehrenthal angefertigten Photographie.
Fig. 2. Theil der äufseren Oberfläche in der Nähe des unteren Körperendes. Natürliche Gröfse. Nach einer von Hrn. Dr. von Maehrenthal angefertigten Photographie.
Fig. 3. Anordnung der Nadeln eines senkrecht zur Oberfläche geführten Schnittes durch einen Theil der Haut und der Septalwand. Vergr. $\frac{50}{1}$.
Fig. 4. Dermales Macramphidisk. Vergr. $\frac{300}{1}$.
Fig. 5 und 6. Micramphidiske. Vergr. $\frac{300}{1}$.
Fig. 7. Mittlerer Theil eines Uncinat. Vergr. $\frac{300}{1}$.
Fig. 8. Theil eines in der Kanalwand liegenden Micro-Oxypentactines. Vergr. $\frac{300}{1}$.
Fig. 9. Unteres Ende einer Ankernadel des Basalschopfes. Vergr. $\frac{300}{1}$.
Fig. 10. Marginalnadel. Vergr. $\frac{300}{1}$.
Fig. 11. Subdermales Pentactin. Vergr. $\frac{50}{1}$.
Fig. 12 und 13. Dermale Pinule. Vergr. $\frac{300}{1}$.

Postscriptum. Nachdem die vorstehende Arbeit längst abgeschlossen und niedergeschrieben war, erschien im Zoologischen Anzeiger (22. October 1894) eine vorläufige Mittheilung über einige neue Hexactinelliden der Sagami-Bai, Japan, von J. Jjima in Tokio. Dieselbe betrifft eine *Euplectella*-Art und vier Arten der Gattung *Hyalonema*. Da eine ausführliche Darstellung vom Autor selbst in baldige Aussicht gestellt ist, so ziehe ich es vor, dieselbe abzuwarten, bevor ich die von Jjima entdeckten japanischen Formen kritisch beurtheile und in mein System aufnehme.

Inhaltsübersicht.

	Seite
Einleitung	3
Charakter der Familie der Hyalonematiden	4
Die Gattung *Pheronema*	7
Pheronema raphanus nov. spec.	8
Pheronema circumpalatum nov. spec.	13
Die Gattung *Hyalonema*	17
Hyalonema aculeatum nov. spec.	19
Hyalonema heideri nov. spec.	23
Hyalonema indicum nov. spec.	24
Hyalonema pirum nov. spec.	27
Hyalonema heymonsi nov. spec.	29
Hyalonema weltneri nov. spec.	30
Hyalonema masoni nov. spec.	31
Hyalonema alcocki nov. spec.	34
Hyalonema investigatoris nov. spec.	37
Hyalonema apertum F. E. Sch.	39
Hyalonema maehrenthali nov. spec.	41
Die Gattung *Semperella*	45
Semperella cucumis nov. spec.	45
Tabelle zur Bestimmung der Gattungen	51
Tabelle zur Bestimmung der Arten	52

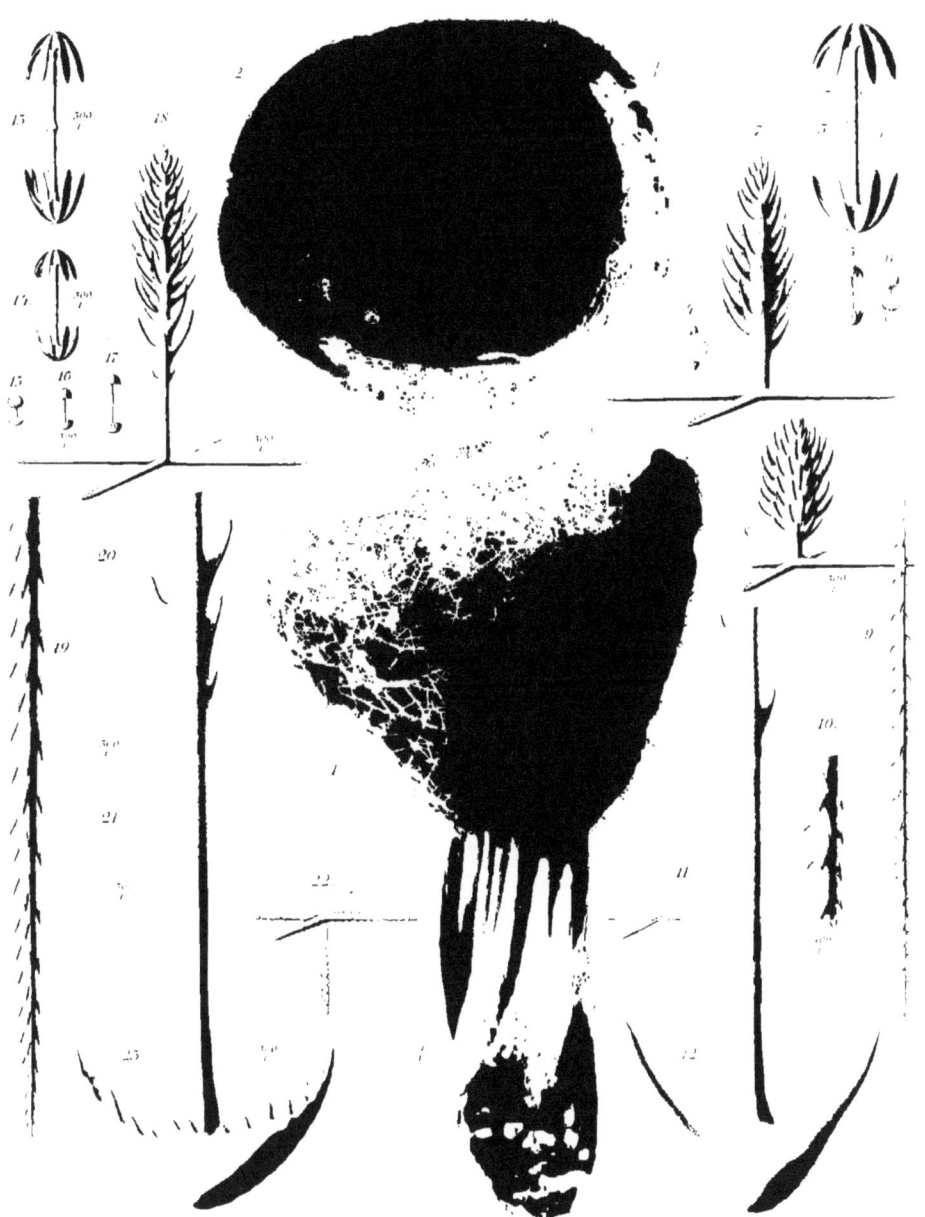

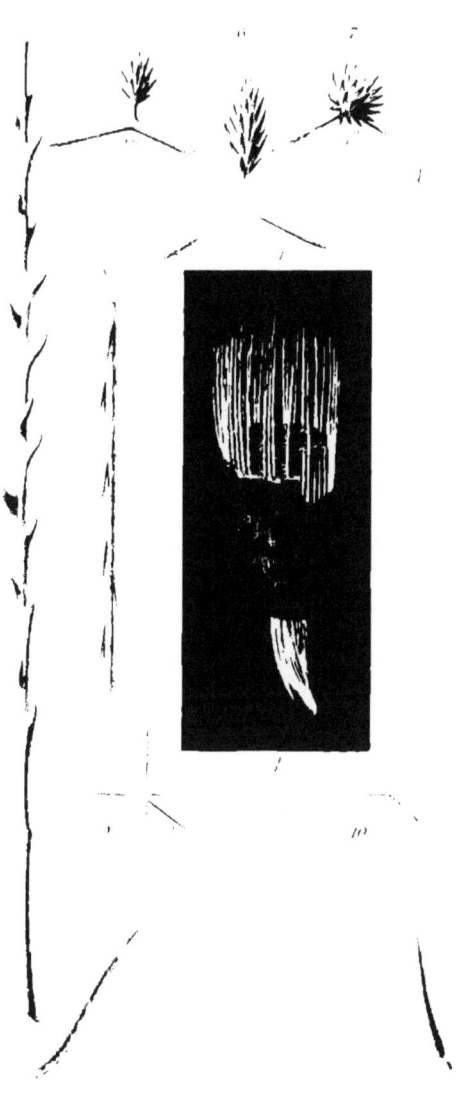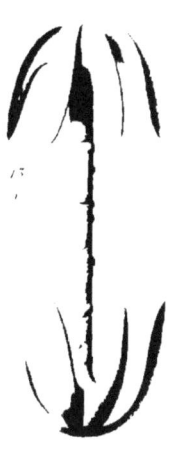

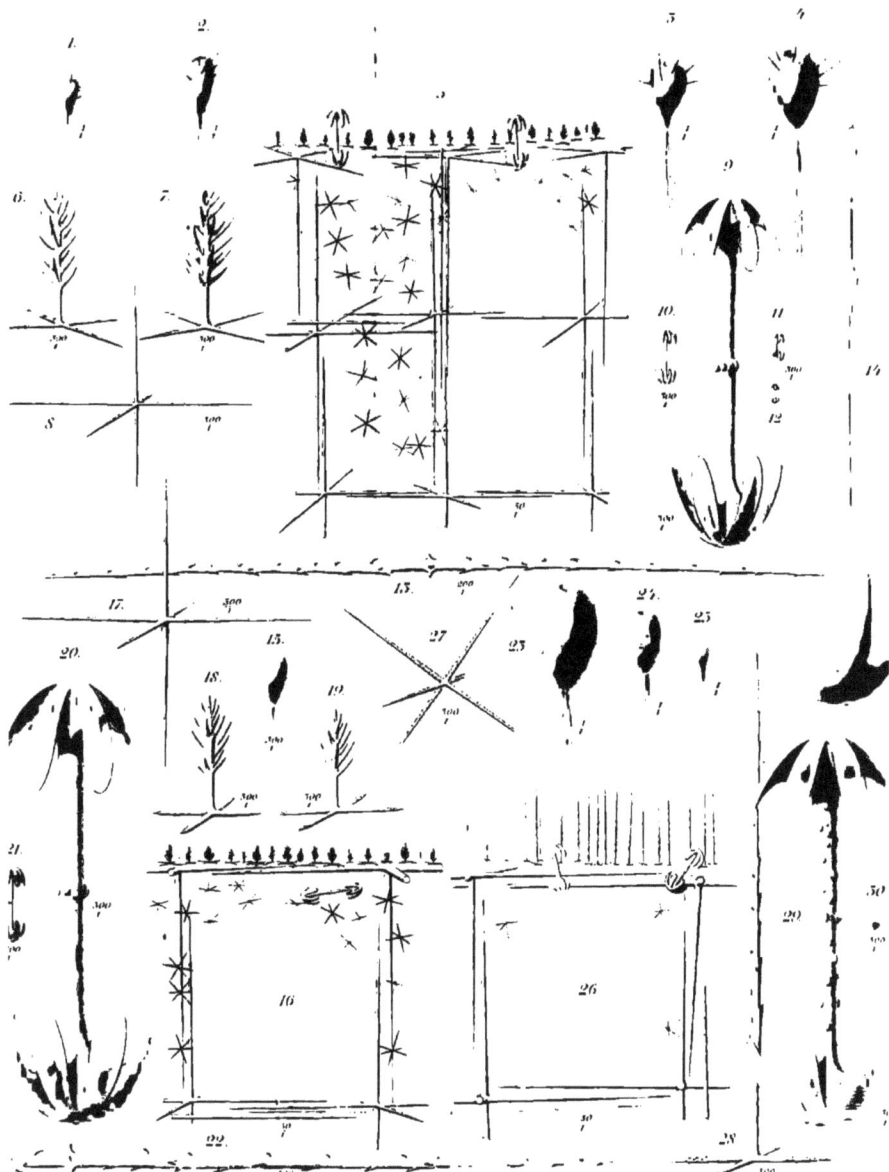

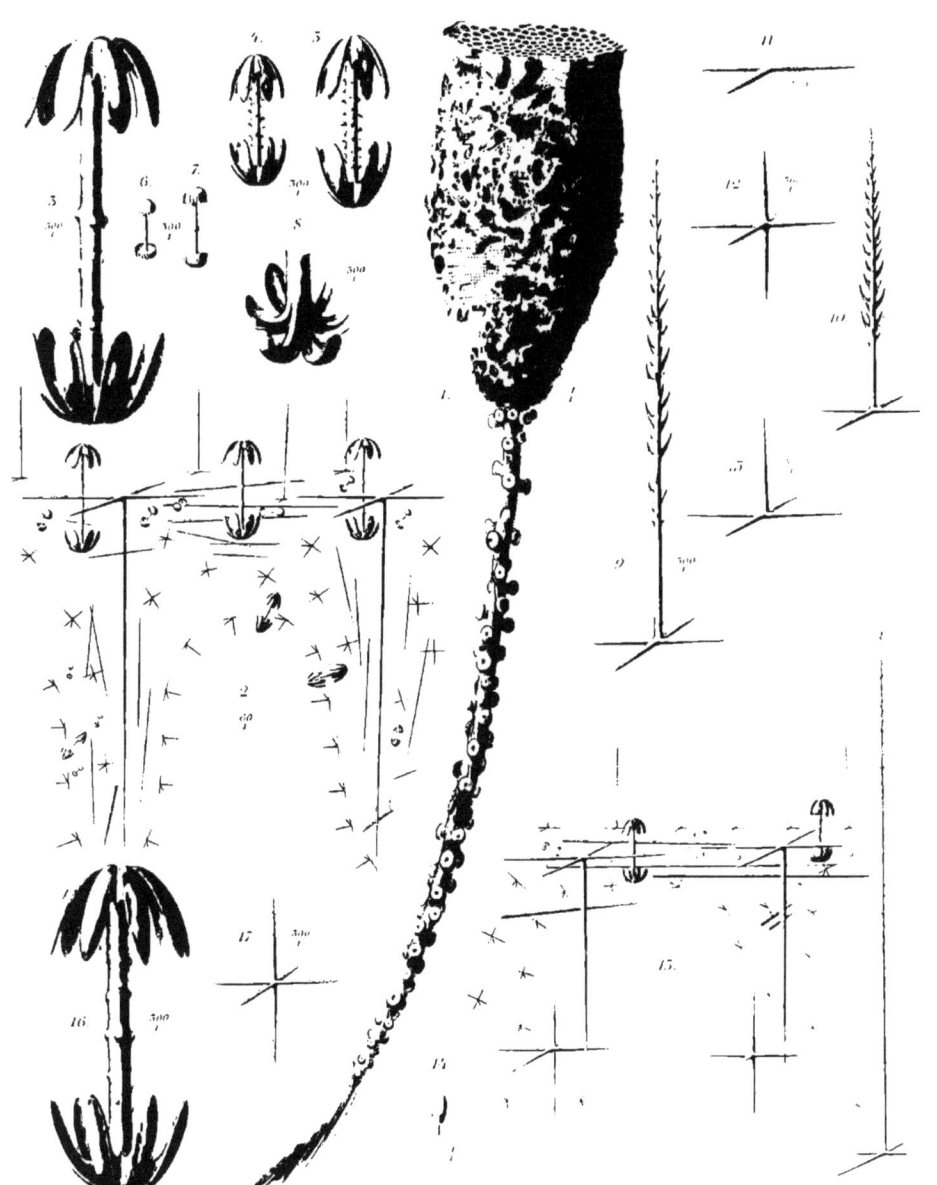

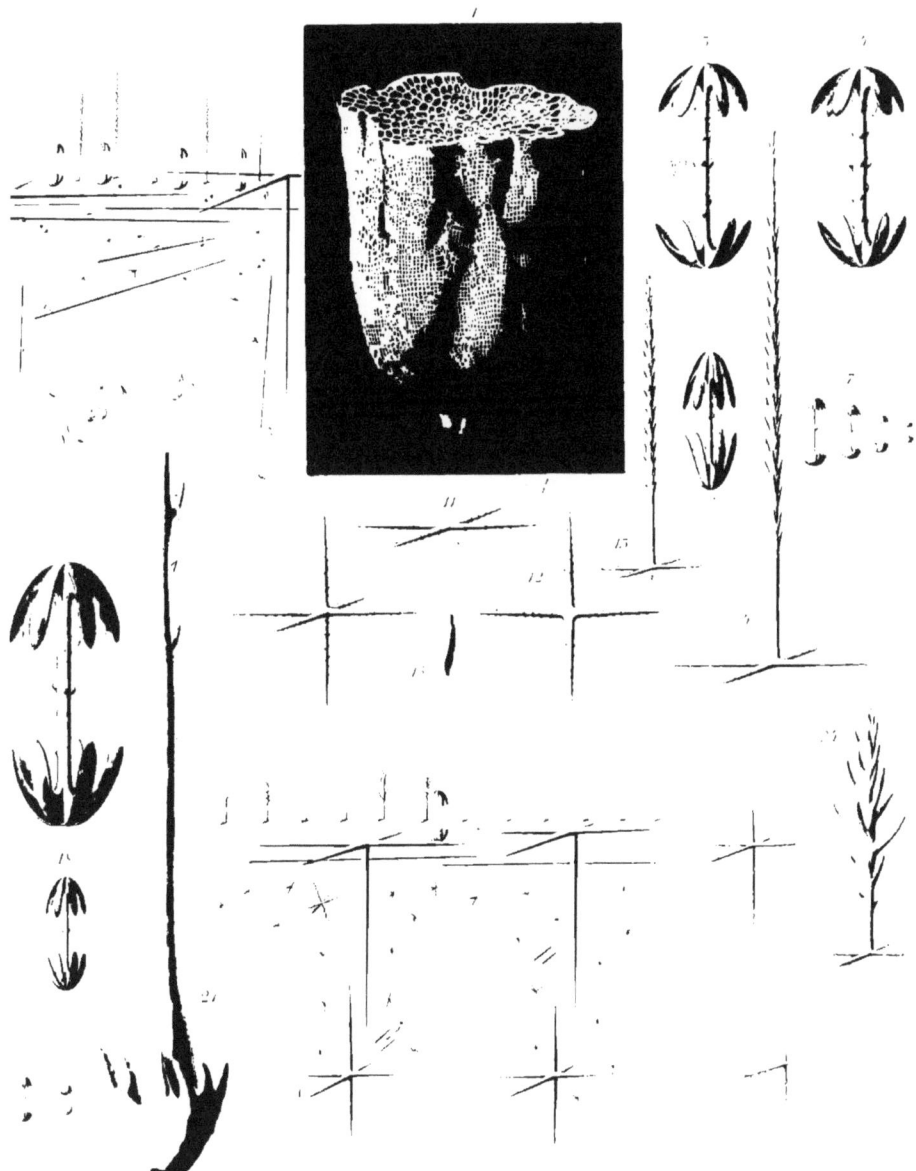

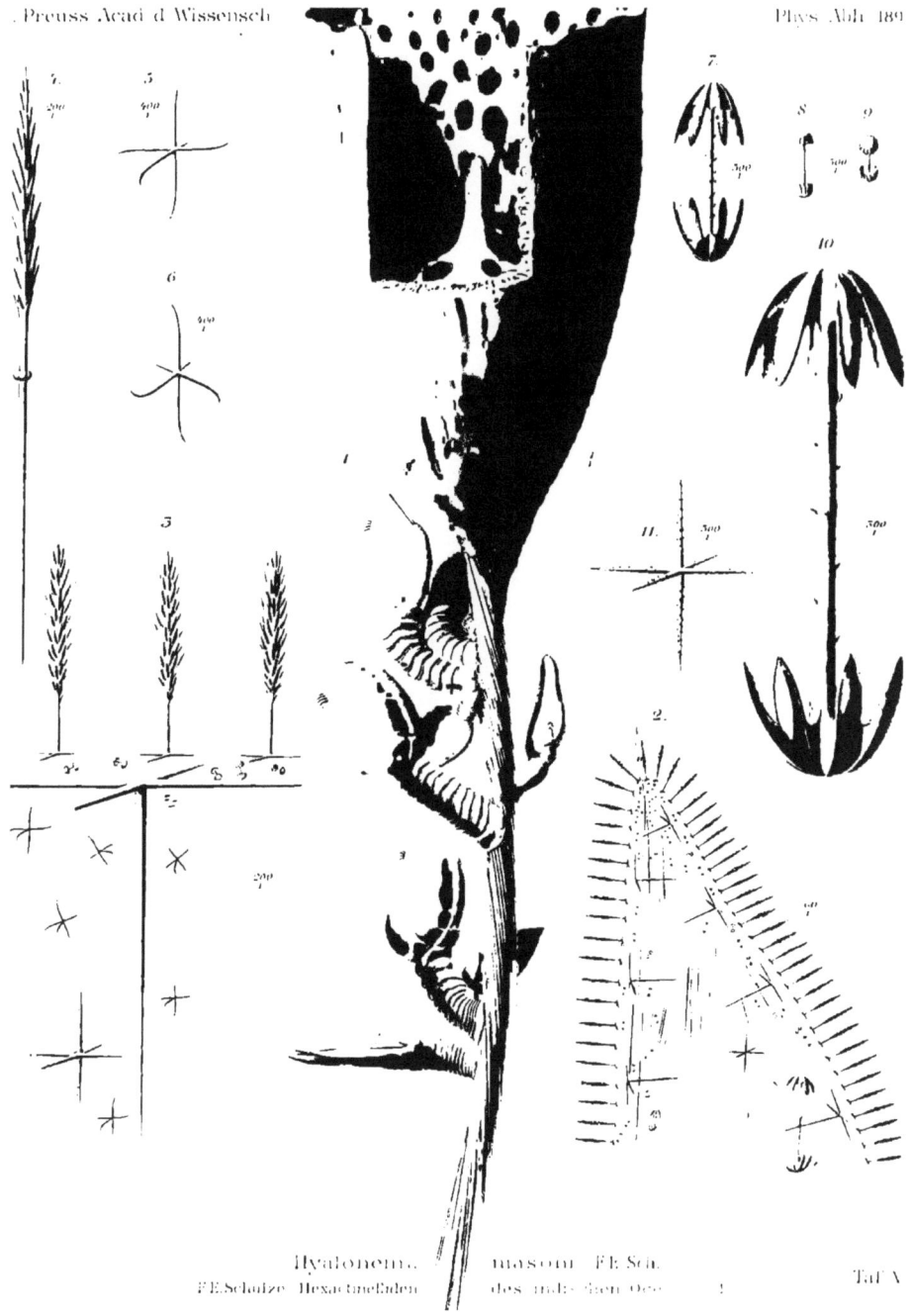

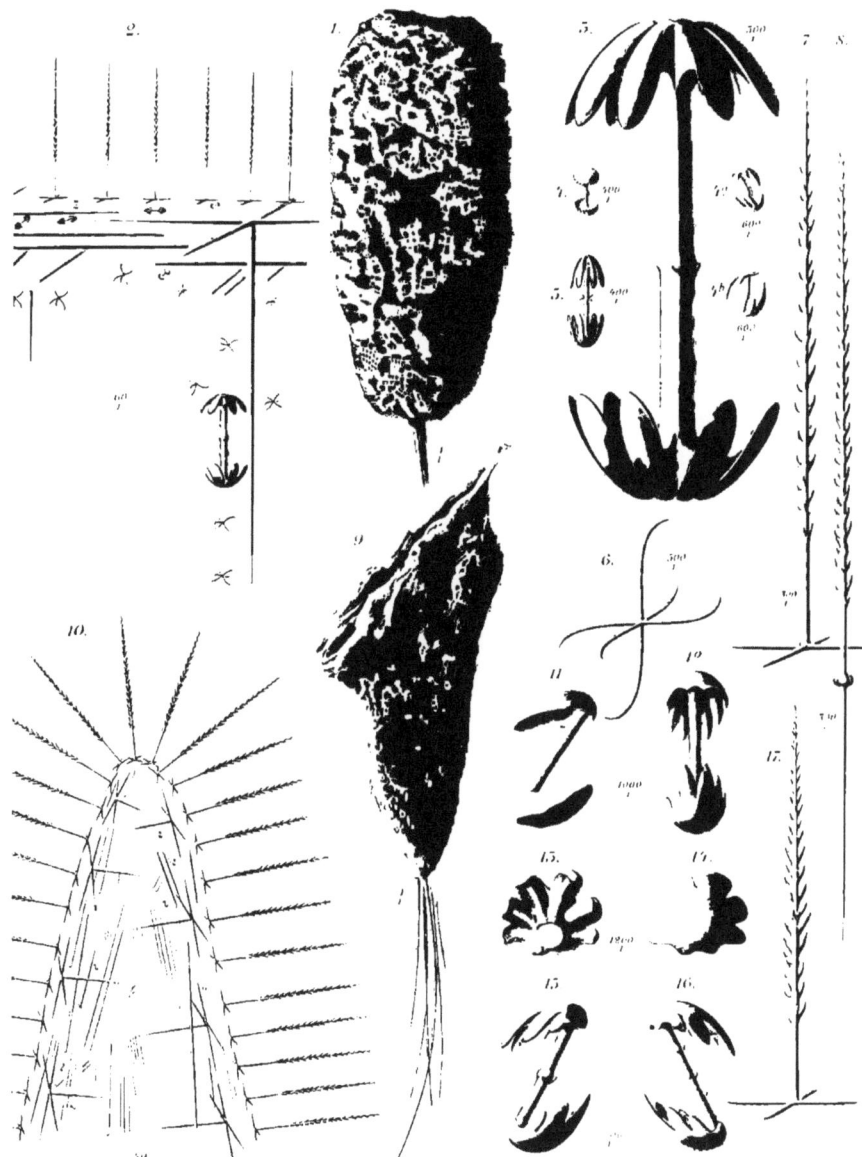